ENTRE VERSOS E PROTESTOS

SABERES PERIFÉRICOS DE (RE)EXISTÊNCIA

Editora Appris Ltda.
1.ª Edição - Copyright© 2024 do autor
Direitos de Edição Reservados à Editora Appris Ltda.

Nenhuma parte desta obra poderá ser utilizada indevidamente, sem estar de acordo com a Lei nº 9.610/98. Se incorreções forem encontradas, serão de exclusiva responsabilidade de seus organizadores. Foi realizado o Depósito Legal na Fundação Biblioteca Nacional, de acordo com as Leis nos 10.994, de 14/12/2004, e 12.192, de 14/01/2010.

Catalogação na Fonte
Elaborado por: Dayanne Leal Souza
Bibliotecária CRB 9/2162

G639e
2024
	Gonsalgo, Jonas
	    Entre versos e protestos: saberes periféricos de (re)existência / Jonas Gonsalgo. – 1. ed. – Curitiba: Appris, 2024.
	    133 p. : il. color. ; 23 cm. – (Coleção Ciências Sociais).
	
	    Inclui referências.
	    ISBN 978-65-250-6430-7
	
	    1. Minorias. 2. Grupos sociais. 3. Hip-hop (Cultura popular). 4. Rap (Música). I. Gonsalgo, Jonas. II. Título. III. Série.
	
	    CDD – 305

Livro de acordo com a normalização técnica da ABNT

Appris
editora

Editora e Livraria Appris Ltda.
Av. Manoel Ribas, 2265 – Mercês
Curitiba/PR – CEP: 80810-002
Tel. (41) 3156 - 4731
www.editoraappris.com.br

Printed in Brazil
Impresso no Brasil

Jonas Gonsalgo

ENTRE VERSOS E PROTESTOS
SABERES PERIFÉRICOS DE (RE)EXISTÊNCIA

Appris
editora

Curitiba, PR
2024

FICHA TÉCNICA

EDITORIAL	Augusto Coelho
	Sara C. de Andrade Coelho
COMITÊ EDITORIAL	Ana El Achkar (UNIVERSO/RJ)
	Andréa Barbosa Gouveia (UFPR)
	Conrado Moreira Mendes (PUC-MG)
	Eliete Correia dos Santos (UEPB)
	Fabiano Santos (UERJ/IESP)
	Francinete Fernandes de Sousa (UEPB)
	Francisco Carlos Duarte (PUCPR)
	Francisco de Assis (Fiam-Faam, SP, Brasil)
	Jacques de Lima Ferreira (UP)
	Juliana Reichert Assunção Tonelli (UEL)
	Maria Aparecida Barbosa (USP)
	Maria Helena Zamora (PUC-Rio)
	Maria Margarida de Andrade (Umack)
	Marilda Aparecida Behrens (PUCPR)
	Marli Caetano
	Roque Ismael da Costa Güllich (UFFS)
	Toni Reis (UFPR)
	Valdomiro de Oliveira (UFPR)
	Valério Brusamolin (IFPR)
SUPERVISOR DA PRODUÇÃO	Renata Cristina Lopes Miccelli
PRODUÇÃO EDITORIAL	Daniela Nazario
REVISÃO	Bruna Fernanda Martins
DIAGRAMAÇÃO	Bruno Ferreira Nascimento
CAPA	Mateus Porfírio
REVISÃO DE PROVA	Bruna Santos

COMITÊ CIENTÍFICO DA COLEÇÃO CIÊNCIAS SOCIAIS

DIREÇÃO CIENTÍFICA	Fabiano Santos (UERJ-IESP)
CONSULTORES	Alícia Ferreira Gonçalves (UFPB)
	Artur Perrusi (UFPB)
	Carlos Xavier de Azevedo Netto (UFPB)
	Charles Pessanha (UFRJ)
	Flávio Munhoz Sofiati (UFG)
	Elisandro Pires Frigo (UFPR-Palotina)
	Gabriel Augusto Miranda Setti (UnB)
	Helcimara de Souza Telles (UFMG)
	Iraneide Soares da Silva (UFC-UFPI)
	João Feres Junior (Uerj)
	Jordão Horta Nunes (UFG)
	José Henrique Artigas de Godoy (UFPB)
	Josilene Pinheiro Mariz (UFCG)
	Leticia Andrade (UEMS)
	Luiz Gonzaga Teixeira (USP)
	Marcelo Almeida Peloggio (UFC)
	Maurício Novaes Souza (IF Sudeste-MG)
	Michelle Sato Frigo (UFPR-Palotina)
	Revalino Freitas (UFG)
	Simone Wolff (UEL)

*Dedico este livro à minha mãe, aos meus irmãos,
aos meus familiares, aos meus amigos
e aos(às) meus(minhas) alunos(as).*

AGRADECIMENTOS

Queridos leitores,

É com imensa gratidão que dedico este livro a cada um de vocês que fizeram parte da minha jornada, que me incentivaram no processo de criação e foram minha inspiração. Agradeço do fundo do coração por cada palavra de encorajamento, gesto de apoio e momento de incentivo que tornaram possível a realização deste sonho.

Cada página escrita foi preenchida com muito afeto, dedicação e esperança de tocar os corações de todos que se aventurarem a folhear estas páginas carregadas de (re)existência. Que este livro seja não apenas um conjunto de palavras impressas em papel, mas sim uma fonte de inspiração, reflexão e transformação para cada um que o ler.

Que a magia das palavras aqui contidas ressoe em seus corações, despertando sonhos, abrindo portas e iluminando caminhos. Que este livro seja um pequeno raio de luz em seus dias, uma brisa suave em suas tempestades e um oásis de esperança em meio ao caos.

A cada leitor, a cada aluno, a cada amigo, a cada pessoa que cruzou o meu caminho pelas encruzilhadas da vida e contribuiu para a realização deste projeto, o meu eterno agradecimento. Escrever não foi apenas um ato de expressão, mas também de (re)existência, subversão, insurgência e transformação. Agradeço especialmente aos meus queridos alunos e irmãos da Associação de Proteção e Assistência aos Condenados (Apac Betim) e aos meus alunos das periferias em que eu transitei por esses anos, que foram minha fonte de inspiração e força. Cada página escrita foi dedicada a vocês, na esperança de que este livro possa servir como um instrumento de mudança e ressignificações das nossas histórias e trajetórias. Que possamos lutar coletivamente por uma sociedade mais justa e democrática, que se oponha a qualquer forma de segregação, preconceito e opressão.

Obrigado por fazerem parte dessa jornada e por compartilharem comigo seus sonhos, suas histórias e suas sabedorias. Juntos somos mais fortes e capazes de transformar o mundo. Que este livro seja um presente de minha alma para a sua, e que juntos possamos celebrar a magia da literatura e da vida.

A conscientização está evidentemente ligada à utopia, de modo que implica a utopia. Quanto mais conscientizados somos, sobretudo pelo engajamento de transformações que assumimos, mais anunciadores e denunciadores nos tornamos.

(Paulo Freire, 1980)

PREFÁCIO

Prefaciar esta obra, e sobretudo oferecer ao leitor um panorama da trajetória de Jonas Gonsalgo, é uma honra imensa.

Assim como revisitei a mim mesma durante a construção deste texto e leitura da obra que você lerá a seguir, Jonas trilhou um caminho de autoconhecimento ao passo que questionou as limitações impostas pelos ambientes em que percorreu, assumindo uma postura de resistência e de existência consciente, como bem nos anuncia em seu título.

A educação foi, por excelência, a operadora de construção identitária na vida de Jonas desde seus primeiros passos como aluno no ensino básico, sua construção como educador, até este momento em que apresenta à comunidade seu primeiro livro. Dessa forma, seu contato com a educação se conectou à sua construção de si. Ao falarmos dessa elaboração, evoca-se um processo subjetivo que toca indivíduos de maneira particular apesar de conter atravessamentos de ordem social, ou seja, coletiva. Sendo assim, é necessário destacar os aspectos relevantes que atravessam o autor para compreender seu ponto de partida e a lente na qual se constrói seu pensamento.

Jonas é um jovem negro, periférico, nascido e criado em um cenário de vulnerabilidades que infelizmente se repete pelo vasto território do Brasil. Sua construção enquanto indivíduo se vê questionada na ordem da classe, mas sobretudo na dimensão racial. Como nos sinaliza Neuza Santos Souza (1983) no título de sua obra de referência, não se nasce negro, mas torna-se. Assim, lidando com violências diversas que são anteriores à consciência de si, o sujeito negro é confrontado com uma demanda urgente em sua árdua caminhada: quem é você?

Esse dilema toca o sujeito negro de modo particular. Ao ser convocado a se ver tal qual no mito de Narciso, o sujeito negro olha o espelho d'agua e vê apenas uma silhueta com pouca definição. É possível imaginar sua confusão ao olhar para o lado e ver Narciso paralisado de amor por seu reflexo ao passo que ele, paralisado por outros motivos, não se vê representado pela imagem na água. Seu reflexo que deveria o apresentar com mimética clareza perde a nitidez em função do olhar do Outro que o estigmatiza, silencia, invisibiliza e por conseguinte o impede de se reconhecer.

Constatada sua imagem turva, desenham-se algumas opções ao sujeito negro: seguir identificando-se como silhueta, seguir alheio a essa questão ou (e aqui imaginamos a opção de Jonas) construir a si mesmo enquanto questiona os operadores de silenciamento.

Inconformado com a falta de reflexo, Jonas decide fazer apostas sobre sua real imagem. Biólogo? Professor? Sociólogo? Pedagogo? Periférico? Mestre? Sim a todas elas e a tantas outras mais. A partir do seu percurso guiado pela educação, seja aprendendo ou ensinando, foi possível descobrir de si, do outro e dos entornos. O reflexo ausente no espelho d'agua das tecituras sociais foi desenhado pelas mãos de Jonas numa escrita-espelho, ou seja, autoconstruída e lapidada no processo de perceber-se negro, periférico, cidadão e potência.

É possível nomear esta escrita como espelho também em função do movimento que se ergue como produto dessa jornada. Jonas, agora autor, não só desta obra, mas de sua identidade, se apresenta ao Outro, que outrora o bordeava sem nitidez, como sujeito que reflete muitos. O grande foco de sua construção é provocar seus iguais a encarar os olhos da silhueta mal desenhada pelas violências e reconfigurar a próprio punho uma imagem que corresponda à singularidade e, não contraditoriamente, à coletividade presentes na constituição do sujeito negro.

O presente livro versa sobre a força do saber periférico na manutenção da vida de seus atores. Jonas analisa as epistemologias marginais e marginalizadas e as leva para o centro da produção acadêmica. Mais do que isso, esta obra é um convite à academia a voltar os olhos e ouvidos às produções que extrapolam o elitizado campo central de produção epistêmica. Nesse sentido, Jonas convida intelectuais negros e sul-americanos ao palco da discussão para fomentar um rico cenário que potencializa a (re)existência das periferias e suas construções.

Jonas se torna ponte interligando saberes afetados por múltiplas violências solidificadas e apresentada a nós como naturais. Assim, a presente obra problematiza as amarras de um sistema racista e silenciador que se movimenta para condenar à margem os saberes que não correspondem às ideias acadêmicas elitizadas. Esta obra convoca a cultura marginalizada a se perceber potência de produção de conhecimento ao passo que aproxima o leitor negro e periférico ao reconhecimento de si e do sistema. Uma obra potente e criadora que concebe Jonas e, em cadeia, faz nascer tantos outros sujeitos de si.

Jéssica Silva
Mulher negra, psicóloga, psicanalista e produtora cultural
Coidealizadora do Coletivo Imani, feito por e para pessoas negras, que reflete a vivência de sujeitos afrodiaspóricos em território mineiro

APRESENTAÇÃO

Prezados(as) leitores(as), antes de iniciar a leitura do livro, convido a ouvirem a canção "Estamos mortos", do Eduardo Taddeo, do grupo Facção Central. Deixe-se envolver pela mensagem impactante das letras que retratam a realidade das quebradas, as dificuldades enfrentadas e a luta diária pela sobrevivência e por um lugar ao sol. Sinta a força e a autenticidade da canção, que traz à tona as histórias e vivências das comunidades marginalizadas. Aperte o play e mergulhe nessa realidade que é invisibilizada, mas não pode ser ignorada.

Estamos mortos (Facção Central)[1]
(Carlos Eduardo Taddeo)

Ninguém pode ser considerado vivo
Comendo sobras de lixeiras
Erguendo mãos para pedir esmolas
Fumando crack
Perdendo a saúde puxando carroças de papelão
Não existe vida em DPs CDPs, viaturas, reformatórios, presídios e tribunais
Não existe vida nos subempregos, com salários de fome
Nas casas devastadas pelo lícito alcoolismo
Nas mulheres reféns do machismo e da violência doméstica
Não existe vida nas esquinas e puteiros
Que estupram as crianças invisíveis do Brasil
Não existe vida nos bolsões de miséria
Que fazem arma serem atrativas para meninos e meninas
Que antes dos 25 estarão em caixões lacrados
Quem vive de luto já tá enterrado com o ente que se foi
Quem viu o filho desaparecer depois do enquadro da polícia
Perdeu qualquer razão para viver

---

[1] Disponível em: https://www.letras.mus.br/carlos-eduardo-taddeo/estamos-mortos/. Acesso em: 5 jun. 2024.

Quem é o número de matrícula prisional
Não passa de uma alma que vaga pelo cárcere de presídio em presídio
Morremos quando rimos do menor
Que aparece na internet sendo torturado em supermercados
Quando aceitamos as versões oficiais
Que alegam que o excluído executado pela PM atirou primeiro
Quando aceitamos os laudos manipulados que apontam
Que as balas que mataram a criança negra
Saíram do armamento do tráfico
Morremos quando votamos nos que afirmam
Que a pacificação do país passa pela aniquilação dos menos favorecidos
Se não fôssemos corpos vazios
Equilibrados por sistemas esqueléticos
Não teríamos opiniões formadas pelos que monopolizam os meios de comunicação
Se não fôssemos apenas sistemas respiratórios aspirando pólvora
Tiraríamos do poder
Os tiranos que aprovam decretos que acabam em helicópteros brincando de tiro ao alvo em comunidades carentes
Aí, opressor
Eu sei que você comprou com a sua riqueza suja o direito da existência
Eu sei que você conhece a estrita legalidade
Conhece o respeito à integridade física, psíquica e moral
Tem o privilégio de pensar de forma independente
Sem coação televisiva e educacional
Eu sei que você sabe que o código penal e o martelo do juiz jamais te alcançarão
E é por essa e outras, arrombado
Que quanto mais retalham o nosso direito a uma vida digna
Mais põe seu coração podre na mira de uma Sig Sauer
Vamos segurar faixas de luto
Pelas escolas militarizadas
Pela liberação das armas

Vamos prestar condolências
Para a sociedade que aplaude
A política do confronto
Em conjunto com a política do nepotismo
Do 'fake news'
Do judiciário partidário
Do roubo de presidências
Irmão de guerra
Sinto muito em te informar
Que quem não tem o padrão de vida estabelecido na constituição federal
Já tá em estado avançado de putrefação
Quem tem a probabilidade de uma morte violenta
Por sua condição financeira e cor de pele
Já sobrevive dentro de um túmulo
A coroa de flor
É só um detalhe para nós
Que caminhamos sem vida
Na escuridão da indigência
Viver é ter a opção de crescer profissionalmente
E intelectualmente
De não ser metralhado pela polícia
De não ser torturado num sistema prisional
Puramente vingativo
Enquanto não pudermos impedir o genocídio
O racismo
A alienação
O aprisionamento em massa
A pobreza extrema e a anulação social
Não passaremos de cadáveres que respiram
Meus pêsames para todos nós que vegetamos
No necrotério dos vivos

SUMÁRIO

1
INTRODUÇÃO 19

2
CULTURA HIP-HOP E RAP 25

3
PERIFERIA:
SUJEITOS PERIFÉRICOS E MINORIAS 63

4
LUGAR DE FALA:
O QUE É E POR QUÊ? 83
    4.1 Análise da canção Diário de um detento, do álbum *Sobrevivendo no inferno* 106

5
CONSIDERAÇÕES FINAIS 121

REFERÊNCIAS 125

1
INTRODUÇÃO

Presentemente, eu posso me considerar um sujeito de sorte
Porque, apesar de muito moço, me sinto são e salvo e forte
E tenho comigo pensado: Deus é brasileiro e anda do meu lado
E assim já não posso sofrer no ano passado
Tenho sangrado demais, tenho chorado pra cachorro
Ano passado eu morri, mas esse ano eu não morro.

(Belchior, 1976)

O rap sempre esteve presente na minha vida. Desde criança, ouço Racionais MC's e outros grupos de rap. Na minha quebrada (PTB), essas canções fazem parte do cotidiano dos moradores. O rap atravessa e permeia a periferia. As músicas sempre fizeram parte desse espaço. Rap e periferia são indissociáveis. As canções ecoam tanto no velório de um mano que foi assassinado quanto em datas comemorativas como o Dia das Crianças, Natal e Ano Novo. Sempre analisei as canções de uma forma reflexiva, o que me levou a pensar sobre como essas músicas revozeam nossa realidade nua e crua, revelando a verdade social, econômica e política das periferias. Quando tomamos conta dessa realidade, a revolta se instala, e a dor soa como uma contusão miálgica generalizada no sentido anteroposterior, deixando meu coração sangrando, como se estivesse destroçado por um tiro de fuzil. Por que tudo para nós, moradores das periferias, é mais difícil? Essa é uma pergunta que me faço no presente momento.

Já presenciei fitas sendo arquitetadas[2] ao som do *Quinto Vigia* (Ndee Naldinho). Já participei de velórios dos meus iguais ao som de *Aqui ela não pode voar*, *Sei que os porcos querem meu caixão* (Facção Central) e *Último perdão* (Expressão ativa). Já testemunhei choros por faltas e carências ao som de *Povo da periferia* (Ndee Naldinho). Já visitei amigos e familiar nas

---
[2] A expressão "fitas sendo arquitetadas" se refere ao planejamento de algum ato criminoso, como assaltos, assassinatos, dentre outros.

penitenciárias, ouvindo, dentro do ônibus Teixeira e Itaúna, as canções *Dia de visita* (Realidade cruel), *Falcão* (MV Bill) e *Depoimento de um viciado* (Realidade cruel). Fui fazer vestibular, concurso público e prova do mestrado escutando *A vida é um desafio* (Racionais MC's). Quando voltava da faculdade, andando 10 km, com fome (sem comer por mais de 12 horas, por falta de dinheiro), depois de ter trabalhado 12 horas, minha força era tirada da canção *Naquela sala* (Ao cubo). Inumei meu amigo-irmão, que teve sua vida ceifada em abril de 2016 (Thiago Nelson da Silva Vasconcelos, vulgo Bil), ao som de *Estrada da dor – 666* (Facção Central). Depois, escutei a canção *Aquela mina é firmeza* (Ndee Naldinho), uma das que o Bil mais gostava. E, assim, o rap se fez e se faz presente na construção do meu ser, faz parte da minha subjetividade, faz parte da minha história e está presente em minha(s) memória(s).

Nesses múltiplos contextos, nasce em mim a vontade de mudar a minha realidade (mesmo que predestinada ao submundo). Sempre compreendi que a educação era dispositivo de mudança social e emancipação. Ou eu iria estudar para tentar mudar minha realidade, ou eu faria parte das tristes estatísticas periféricas do CPF cancelado. Escolhi a primeira opção, sem pensar duas vezes. Eis que hoje me construo como escritor/pesquisador e aproximo duas coisas que fazem parte da minha realidade vivida, o rap e a educação. Em paralelo dialógico, proponho escritas que aproximem o rap, a periferia e a educação.

A presente obra, nascida dessas vivências e com o desejo de ampliá-las, tem como objetivo geral compreender fenômenos de natureza mais subjetiva, como ocorre com temáticas voltadas para a construção dos saberes da periferia e do rap. Ademais, ela se concretiza buscando reconhecer o rap como expressão de um lugar de fala e ressaltando as possíveis contribuições que esse gênero musical pode trazer no que concerne ao respeito à diversidade social e de saberes, ao exercício da empatia, da solidariedade e da cidadania.

As canções dos Racionais MC´s dialogam com a realidade e com as múltiplas subjetividades de jovens da periferia, fazendo com que eles reflitam sobre um processo histórico, social e político de exclusão e reivindiquem o exercício da cidadania. Racionais é um grupo de rap que surgiu no final dos anos 1980 e início dos anos 1990, sendo composto por quatro pessoas: Mano Brown, Ice Blue, Edi Rock e KL Jay. Com uma trajetória de denúncia de exclusão e de retrato da periferia, o grupo consolidou-se como referência para o rap nacional.

O movimento hip-hop subdivide-se em quatro pilares que sustentam essa cultura periférica, sendo eles: o MC, mestre de cerimônia, que é responsável por cantar de forma poética e ritmada o rap, levando a mensagem para os ouvintes. O DJ, *disc-jóquei*, que promove uma sonoridade para as canções, o que, muitas vezes, pode ser feito de forma rítmica ou desordenada. O *break*, que é a expressão corporal por meio das danças (coreografias artísticas). O *grafite*, uma arte plástica, expressa nas ruas, que pode se apresentar de forma subjetiva ou de forma direta. O conhecimento permeia os outros pilares, dessa forma, podemos compreender que ele pode e deve ser considerado como a base dos quatro elementos, via forma de fundamentação. Esses quatro pilares compõem o movimento macro que é a cultura hip-hop.

Assim, o rap é uma vertente do movimento plural chamado hip-hop e associa o DJ e o MC. Ana Lúcia Silva Souza (2011), no livro *Letramentos de reexistência*, pontua que a expressão hip-hop – traduzida como balançar (*to hip*) o quadril (*hop*) – compreende um movimento social juvenil urbano formado por jovens negros, tendo ganhado forças nos Estados Unidos a partir do final dos anos 1970, posteriormente se alastrando pelos grandes centros mundiais (Souza, 2011, p. 15). Dessa forma, o hip-hop pode ser compreendido como uma manifestação cultural periférica que nasce nas quebradas, sendo sustentado por quatro pilares: MC, DJ, grafite e *break*. Cada pilar possui sua especificidade, sendo que cada vertente dialoga com as outras em uma perspectiva plural e de (re)existência.

O livro adota a necessidade de entender como a discussão sobre o lugar de fala e o empoderamento de sujeitos periféricos e marginalizados expressa no gênero poético-musical da periferia – rap –, no que concerne ao respeito à diversidade social e de saberes, ao exercício da empatia e da solidariedade e à responsabilidade e à cidadania.

Como hipóteses para esse questionamento, aventamos que o rap, por ser um gênero musical-poético germinado nas periferias do mundo (e que se adapta a cada contexto periférico no qual emerge), fala diretamente sobre os problemas e questões referentes a esse universo e às pessoas nele inseridas, atendendo às demandas de sujeitos que foram/são historicamente silenciados, marginalizados, no processo de construção sociocultural de nosso país, constituído de modo violento, por meio da colonização e do regime escravista. Nesse sentido, o rap e seus produtores/consumidores fazem uso do que se chama lugar de fala, compreendido como a expressão do sujeito marginalizado sem que haja intermediação de outro(s). Assumir o lugar de fala seria, assim, um dos pontos fundamentais para o exercício do empoderamento de sujeitos periféricos, visto que essa perspectiva reconhece a intermediação do outro como um mecanismo de opressão que precisa ser enfrentado e discutido.

Tratar de temas concernentes aos saberes que constituem a periferia e o rap pode ajudar na construção de um processo de conscientização do outro e, portanto, do respeito às diversidades culturais e aos seus saberes. Assim, a obra discorre, sob o prisma reflexivo, sobre o gênero poético-musical rap como um saber vindo de territórios periféricos e constituído por sujeitos periféricos, sendo, portanto, reconhecido como um lugar de fala.

Considerando esse ponto de partida, proponho: a) refletir sobre como o rap se constitui como um gênero poético-musical da periferia; b) discutir o que são periferia e sujeitos periféricos e as relações entre esses conceitos e grupos minoritários; c) compreender o que é lugar de fala e qual sua relação com a construção de saberes de sujeitos periféricos e marginalizados; d) discutir como se dá o empoderamento de sujeitos periféricos e marginalizados; e) refletir e analisar como o rap expressa o lugar de fala dos sujeitos periféricos e marginalizados

Um breve relato: o Brasil é um país profundamente marcado pelo preconceito e pelas desigualdades, que infelizmente persiste até os dias de hoje. O preconceito está enraizado em diversas esferas da sociedade, como no racismo, machismo, LGBTfobia, xenofobia e outros tipos de discriminação.

Os preconceitos são reflexo de uma sociedade historicamente marcada pela desigualdade, que privilegia determinados grupos em detrimento de outros. O preconceito se manifesta de maneira sutil e também de forma explícita/agressiva, prejudicando a convivência e o desenvolvimento de uma sociedade mais justa e inclusiva. Em dezembro de 2023, prestei um concurso público para professor na cidade de Belo Horizonte. No momento que entrei na sala para realizar a prova, já era possível sentir o clima de discriminação no ar. Fui acusado pela aplicadora da prova de estar escondendo "alguma coisa" dentro do meu cabelo black power, na intenção de fraudar o concurso, foi passado pelo meu corpo e em meu cabelo o detector de metal inúmeras vezes, nada foi encontrado. A violência foi presenciada por diversos candidatos (professores[as]). Meu cabelo black power é símbolo de resistência, é a minha identidade e orgulho da minha ancestralidade.

Como se não bastasse, a aplicadora ainda zombou da minha guia de umbanda, pendurada em meu pescoço, uma sequência de violências (injúria racial e intolerância religiosa), situações bem frequentes ainda em nossa sociedade, que é marcada pela intolerância e pela violência. A intolerância religiosa e a injúria racial estavam presentes naquele ambiente, tornando a busca por um sonho profissional ainda mais árdua e dolorosa. Esta obra revela a luta diária contra o preconceito e a necessidade urgente de conscientização e respeito às diferenças. Este livro pode ser considerado medular, pois aborda questões relevantes e muitas vezes negligenciadas pela sociedade. Ao discorrer e aprofundar sobre as minorias, ele contribui para a construção de uma sociedade mais justa e inclusiva. Além disso, ao promover a reflexão e o debate sobre as desigualdades e discriminações enfrentadas por esses grupos, o livro é uma poderosa ferramenta de conscientização do nosso corre diário. Enfim, acredito que a obra possui o potencial de gerar mudanças significativas e inspirar ações concretas em prol da igualdade e do respeito à diversidade.

2
CULTURA HIP-HOP E RAP

O rap é compromisso, não é viagem
Se pá fica esquisito, aqui Sabotage
Favela do Canão, ali na zona sul
Sim, Brooklyn.

(Sabotage, 2000)

  Ana Lúcia Silva Souza (2011), no livro *Letramentos de reexistência*, afirma que o termo cultura pode ser analisado a partir de uma perspectiva polissêmica. Dessa forma, a palavra ganha diversos significados em diferentes contextos e espaços. Souza (2011) faz uma análise sistemática por meio de um viés histórico, demonstrando que a palavra cultura está engendrada nas ações, lutas, princípios e diversas situações do cotidiano. Existe um entroncamento de concepções que indicam que a cultura não é estática, mas ganha contornos e transfigurações com o decorrer do tempo (Souza, 2011, p. 50). Sob essa ótica, compreende-se que a cultura não pode ser analisada como um adjetivo, muito menos como uma condição de "bom gosto" imposta pela classe dominante, e sim como uma condição subjetiva que atravessa histórias, memórias, vivências, condições pessoais e coletivas. A cultura está em constante movimento de construção, (des)construção e (re)construção, promovendo, dessa maneira, a elaboração de identidades sociais por meio de disputas e negociações.

> A noção de cultura [...] torna-se o espaço no qual se operam transformações em decorrência dos embates de dominação e de resistência construtivos das relações políticas e sociais no tempo. Os descentramentos de cultura podem abrir caminhos para novos espaços de contestação, para novas formas de agir nas brechas do cenário social e econômico. Entendida como sempre em transformação, na cultura não há passividade, há sempre negociações e enfrentamentos. Há interpretação e reinterpretações, mais ou menos visíveis ou invisibilizadas

por mecanismos diversos que informam um processo de hibridização, questão importante quando **são focalizados os discursos situados de ativistas do movimento cultural hip-hop** (Souza, 2011, p. 51, grifos nossos).

Souza (2011) observa que, entre 1920 e 1930, muitos jovens jamaicanos começam a migrar do interior para a capital da Jamaica.[3] Majoritariamente empobrecidos, negros e sem qualificação profissional, essas pessoas buscavam oportunidades de trabalho, tendo em vista que, no interior, essas possibilidades eram escassas. Esses rapazes eram chamados de *rude boys* e ressignificaram suas vivências, utilizando o protesto como forma de serem ouvidos. Foi nesses espaços urbanos, precisamente nas ruas, que essa juventude buscou e sistematizou a sociabilidade por meio da música.

> As festas que aconteciam nos bairros mais afastados e empobrecidos começaram a ser frequentes. Ganhou destaque a maneira inovadora de, por meio da arte da fala, acompanhar os sons das vitrolas e o balançar dos corpos, todas práticas embrionárias do hip-hop. (Souza, 2011, p. 59-60).

Em *Para além do hip-hop: juventude, cidadania e movimento social*, Patrícia de Oliveira de Daniele Lima e Ana Marcia Silva (2004) observam que a década de 1970 foi marcada por forte expansão do capitalismo em diversos países, fazendo com que emergissem ou se acentuassem as desigualdades sociais:

> A década de [19]70 foi marcada pelo acirramento das condições do capitalismo em diversos países e com este emergiram desigualdades e dificuldades, tanto no campo econômico quanto no social. [...]. Para evitar conflitos ou qualquer manifestação que não seja a esperada pela classe que detém o capital, elas lançam-se de artifícios para manipular e escamotear a vigência de suas ideias como as sendo naturais e inquestionáveis. (Lima; Silva, 2004, p. 63).

Existe uma relação direta entre o capitalismo e o surgimento da cultura hip-hop, tendo em vista questões que perpassam a vida de seus participantes, como preconceito racial e pobreza. Essas situações degradantes foram experimentadas por várias comunidades empobrecidas nos Estados

---

[3] Segundo Souza (2011, p. 60), "[...] na década de 1960, a Jamaica viveu uma série de problemas sociais e políticos, também foi palco do surgimento e do desenvolvimento de grupos ativistas negros em favor dos direitos e da justiça social".

Unidos, "onde o crescimento urbano e tecnológico promovia divisão de trabalho e também o desemprego devido à automação de tarefas outrora realizadas manualmente." (Lima; Silva, 2004, p. 63).

Na metade de década de 1970, os Estados Unidos, precisamente as cidades do norte do país, receberam números expressivos de imigrantes, em sua maioria porto-riquenhos e jamaicanos, que deixaram seus países devido a problemas políticos e econômicos. Esses sujeitos buscavam abrigos nos guetos de Nova York, local que já era habitado por muitas famílias afro-estadunidenses que tinham suas trajetórias marcadas pela luta contra a segregação social no país. Os grupos jamaicanos ofertaram aos grupos afro-estadunidenses uma reinvenção do modo de protestar contra a organização do sistema social, que desconsiderava a população daqueles *loci*, conforme explica Thífani Postali (2010, p. 7), em *O hip-hop estadunidense e a tradução cultural brasileira*.

Rosana Santos (2002), em sua dissertação *O estilo que ninguém segura: mano é mano! Boy é boy! Boy é mano? Mano é mano?*, cita que a cultura hip-hop é uma alternativa para a violência, configurando-se como uma válvula de escape para fugir da realidade urbana, sendo, portanto, um movimento reivindicatório que busca seu lugar nesse mundo globalizado:

> A cultura, como uma alternativa para a violência e um sentido para escapar das duras realidades urbanas, alastra-se e polariza-se cultural e comercialmente ao reivindicar para si o papel de uma voz marginal(izada) da imensa geração de jovens diante da implacável colonização econômica do mundo globalizado (Santos, 2002, p. 2324).

Mayk do Nascimento (2014), na tese *O mundo do rap: entre as ruas e os holofotes da indústria cultural*, aponta que o som que ecoava nos guetos, o rap, teve avanço com a evolução dos meios de produção musical, assim como pela crescente expansão dos meios de comunicação em massa. As primeiras canções do rap foram ouvidas no maior centro capitalista mundial como uma organização renovada de resistência e enfrentamento da juventude negra e imigrante, os refugiados. A "rebelião" veio dos toca-discos e dos alto-falantes, criando e experimentando novas formas de fazer sonoridades e ações performáticas, tendo direta relação com a urbanização e com a comunidade que estava em evolução (Nascimento, 2014, p. 21):

> O jamaicano Kool Herc e seu parceiro Grand Master Flash, originário de Barbados, foram os primeiros responsáveis

pela prática da música jamaicana nos Estados Unidos. No bairro do Bronx, em Nova York, os disc-jockeys (DJs) organizaram inúmeras festas onde trabalhavam com técnicas como os sounds systems, mixadores - aparelhos que unem os toca-discos e sincronizam os vinis e o scratch, movimento de discos no sentido antihorário, o que produz um som arranhado (Postali, 2010, p. 7).

No texto *Arte e educação: a experiência do movimento hip hop paulistano*, José Gomes da Silva (1999) discorre sobre o hip-hop e a experiência urbana como uma condição artístico-política das grandes metrópoles, localizando também o Bronx como berço da cultura hip-hop.

> Em termos sociológicos, o movimento hip hop foi interpretado como expressão artístico-política de um movimento de transição da metrópole nova-iorquina. [...] Historicamente o Bronx tem sido considerado "o berço da cultura hip hop", porque foi nesse espaço que os jovens de origem afro-americana e caribenha reelaboraram as práticas culturais que lhe são características e produziram via arte a interpretação das novas condições socioeconômicas postas pela vida urbana (Silva, 1999, p. 26-27).

Se, no começo, os praticantes da cultura hip-hop possuíam recursos tecnológicos restritos; hoje, o cenário se modificou muito. Com os avanços da tecnologia, a internet foi um marco fundamental para que jovens contemporâneos fossem incluídos na *web* e pudessem expor seus trabalhos culturais em diferentes plataformas digitais, além da possibilidade da ampla divulgação em tempo real, permitindo a democratização desse modelo cultural. Isso, porém, não era possível na década de 1970, tendo em vista que os praticantes dessa cultura tinham acesso restrito a outros meios de sonoridade, o que trazia como consequência uma divulgação cultural penosa. Norma Takeuti (2010), no artigo *Refazendo a margem pela arte e política*, descreve que

> [...] foram os equipamentos tecnológicos comerciais da mídia atuais (toca-discos, amplificadores e aparelhos de mixagem, telefonia móvel, internet) que facilitaram a entrada de muitos "jovens periféricos" nesse mundo cultural e artístico, outrora impensável (altos custos de instrumentos musicais; alto custo de formação musical). A internet foi um fator fundamental que permitiu conhecimento, difusão e compartilhamento, em grande escala, das performances orais, visuais e corporais de grupos de hip hop. (Takeuti, 2010, p. 19).

No livro *Acorda hip-hop! Despertando um movimento em transformação*, Sérgio Leal (2017) considera que a inclusão desses grupos minoritários (imigrantes negros e latinos) se deu por meio da subversão, feita pela voz, o toca-discos, a parede e o corpo (ações performáticas múltiplas). Essa diversidade étnica foi essencial para educar e apresentar uma nova organização: a organização do pensamento periférico, fundamental para subtrair a violência entre as gangues da cidade de Nova York e para que o movimento hip-hop se estabelecesse na indústria cultural (Leal, 2007, p. 14).

Esses sujeitos começaram a corporificar uma estética contemporânea com representações peculiares, criando uma tendência específica de representatividade, um novo dialeto que dialogava com as ruas e com os "guetos". Assim, o hip-hop foi essencial para a criação de uma cultura urbana que se relaciona e se aproxima das grandes metrópoles do mundo (Nascimento, 2014, p. 21). Segundo Souza (2011, p. 73), o hip-hop se caracteriza como uma estratégia artística cultural que usa espaços públicos como método de inclusão, estando diretamente imbricado com práticas educativas; fomentando a partilha dos diversos saberes que se consolidam por meio das linguagens que estão materializadas em quatro figuras: o MC, o DJ, o dançarino e o grafiteiro.

No livro *Hip-Hop: a periferia grita*, Janaina Rocha, Mirela Domenich e Patricia Casseano (2001) apontam que o movimento hip-hop foi concebido por meio do trabalho do DJ Afrika Bambaataa,[4] que organizava o movimento de forma coletiva, promovendo, dessa maneira, uma conscientização com viés político.

> O termo hip-hop, que significa, numa tradução literal, movimentar os quadris (*to hip*, em inglês) e saltar (*to hop*), foi criado pelo DJ Afrika Bambaataa, em 1968, para nomear os encontros dos dançarinos de break, DJs (disc-jóqueis) e MC's (mestres de cerimônias) nas festas de rua do bairro Bronx, em Nova York. Bambaataa percebeu que a dança seria uma forma eficiente e pacífica de expressar os sentimentos de revolta e de exclusão, uma maneira de diminuir as brigas de gangues do gueto e, consequentemente, o clima de violência. Já em sua origem, portanto, a manifestação cultural tinha caráter político e objetivo de promover a conscientização coletiva. O uso dessa expressão ganhou o mundo [...] (Rocha; Domenich; Casseano, 2001, p. 17-18).

---

[4] Afrika Bambaataa é um dos fundadores da Zulu Nation, organização que, focalizando discussões raciais, tornou-se uma das maiores do movimento cultural hip-hop no mundo. Também presente no Brasil, a Zulu Nation é uma organização com inserção mundial, que defende os saberes e a produção de conhecimentos como sustentáculos do universo hip-hop.

Nécio Turra Neto (2013), em *Movimento hip hop do mundo ao lugar: difusão e territorialização*, mobiliza três enfoques conceituais para compreender a cultura hip-hop. O primeiro observa que o movimento é originário de uma trajetória que relembra a diáspora africana pelo mundo, bem como os estilos musicais que foram desenvolvidos ao longo do tempo, tendo como embasamento a cultura negra, fazendo referência a estilos como *soul*, *funk*, rap e *reggae* jamaicano (Turra Neto, 2013, p. 1-2). Essa informação é também trazida por José Righi, citado por Joseli Fernandes (2018) em sua dissertação *Através do meu canto o morro tem voz: o discurso de resistência no rap de Flávio Renegado*.

> Righi aponta a África como o berço do nascimento do movimento *hip hop* e os afrodescendentes advindos da diáspora negra como os propagadores deste. Segundo ele, após a Guerra da Secessão, que resultou na abolição da escravatura nos Estados Unidos, no final do século XIX, a maioria da música negra estadunidense instalara-se dentro dos templos religiosos, na voz de grandes corais constituídos por pessoas negras e que tinham como público, unicamente, estas, formando guetos. A partir desse contexto religioso aparecem os primeiros traços do *rhythm and blues*, responsável por quebrar as barreiras sociais excludentes através da arte, o que faz com que o *blues* seja apontado também como aquele que difunde a música para os quatro cantos do mundo, fortalecendo o movimento social negro (Righi, 2011, p. 42 *apud* Fernandes, 2018, p. 13).

Uma segunda perspectiva aponta que o hip-hop é uma forma de os jovens negros manifestarem suas experiências sobre a segregação, a geoexclusão, e dialogarem com elas. A partir daí, pode-se construir uma forma alternativa de identidade. Essa identidade subjetiva, que denuncia a exclusão, ganhou impulso para difundir essas experiências para outras periferias, tendo como foco experiências vivenciadas que, muitas vezes, são similares (Turra Neto, 2013, p. 2). Joseli Fernandes (2018) observa que o rap, um dos elementos da cultura hip-hop,

> [...] apesar de ser uma manifestação cultural global que ocorre em vários espaços sociais no mundo, mas sempre associados à realidade de exclusão periférica, pode ser compreendido como uma experiência de aderência local, intrínseca, caracterizada de acordo com o ambiente em que é gerado, principalmente

> sobre forte influência da diáspora negra. Essa experiência diaspórica influencia na construção da identidade de jovens negros, que estão à margem da sociedade e marcados por formas correlatas (mas não idênticas) dos mais diversos meios de exclusão social, como o racismo, a pobreza e a segregação espacial. (Fernandes, 2018, p. 8).

Assim é com a cultura hip-hop, que é ressignificada em cada região e espaço. Souza lembra, a esse respeito, que

> [...] as interações realizadas em um fluxo contínuo de contatos marcaram a cultura de duas formas: ao mesmo tempo com uma produção diaspórica, informadas por traços de cultura e histórias de matriz africana ressignificadas localmente, e também com um movimento cosmopolita em diálogo com a moderna tecnologia urbana e letrada [...]. Não existe apenas uma história do *hip-hop*. Como movimento cultural, ele se transforma em vários contextos em que aporta, hibridiza-se e assume distintos formatos, ressignificando de maneiras diferentes os efeitos do fenômeno da diáspora negra pelo mundo, fazendo da musicalidade um dos elementos de sustentação de sua organização social, cultural e política. (Souza, 2011, p. 58).

A terceira perspectiva apontada por Turra Neto a propósito da cultura hip-hop diz respeito à compreensão da dimensão espacial no entendimento do movimento como ocorrência urbana plural e diversificada:

> Esta dimensão praticamente se impõe na consideração das tramas tecidas pelos integrantes do movimento na cidade, expressas por: relação centro/periferia; afirmação do bairro; demarcações territoriais e tensões que daí decorrem. (Turra Neto, 2013, p. 2).

Compreender a cultura hip-hop como uma cultura urbana é saber que ela se organizou em meio a diversos tensionamentos e que, muitas vezes, seus praticantes tiveram que ressignificar suas práticas individuais para uma melhor convivência na coletividade. Falar em hip-hop é, portanto, falar em (re)existência de indivíduos, precisamente negros e empobrecidos, que foram colocados à margem por uma sociedade capitalista e elitista que, muitas vezes, legitima violências contra esses sujeitos invisibilizados. Esses indivíduos resistiram e resistem por meio dos artefatos culturais, trocando a violência pela cultura ou ainda fazendo nascer da violência um modo próprio de representá-la.

A cultura hip-hop[5] se dedica à educação, visando que seus integrantes busquem conhecimento, de modo a agir nas esferas individual e coletiva, sempre pensando em melhorias para a sociedade. Essas melhorias se dão nas relações pessoais, individuais e comunitárias, sendo legitimadas pela busca incessante pela igualdade de oportunidade para todos e todas (Souza, 2011, p. 43). Souza ainda disserta que o hip-hop vem ganhando notoriedade nos ambientes de produção dos saberes intelectuais, dentro e fora dos espaços acadêmicos. É nesses recintos que pesquisas sobre esse movimento cultural são produzidas, servindo de suporte para a apropriação de novos saberes, por certo, promovendo contemporâneas formas de atuação no campo social, político, econômico e acadêmico (Souza, 2011, p. 73).

Tirajú Pablo D'Andrea (2013), na tese *A formação dos sujeitos periféricos: cultura e política na periferia de São Paulo*, deixa evidente essa reorganização cultural:

> [...] o hip-hop nasceu em um bairro pobre de uma grande cidade dos Estados Unidos, num contexto de violência e pobreza, no qual a produção artística expressa pelos elementos do hip-hop foi uma forma de diminuição dos conflitos em um dado território e, no limite, de sobrevivência. Em outros termos, trocou-se a bala pela arte [...] (D'Andrea, 2013, p. 63).

O movimento se modificou ao longo das últimas décadas, principalmente no Brasil, sendo desenvolvidas novas estéticas em cada periferia, ainda que os temas tratados se aproximem. O hip-hop é também conhecido como um movimento de rua, que aglutina jovens das periferias, podendo ser visualizado como uma ação política que está em expansão e efervescência, sendo de caráter contestatório e denunciativo, rompendo com o silenciamento. Tal cultura tem como marco denunciar as diversas desigualdades, dialogando com o coletivo sobre questões ligadas ao preconceito racial, à identidade racial e às

---

[5] Souza observa que, no movimento cultural hip-hop, "O conceito de compreensão ativa e responsiva é particularmente importante para se perceber o jogo complexo que se estabelece no universo da cultura *hip-hop* que, por excelência, é o **lugar que os enunciados mantêm relação com outras vozes** que, no movimento de ir e vir, trabalham na **construção de sentidos**. A forma de como a linguagem se manifesta na cultura *hip-hop* vem problematizar a acomodação dos olhares em relação às contradições sociais, além de pensar outras formas de **pensar o lugar de saberes, de conhecimentos e de valores como solidariedade e coletividade**. É flagrante como **o *rap*** se apresenta, dentro da cultura hip-hop, como um dos elementos mais expressivos [...]" (Souza, 2011, p. 54, grifos nossos).

alternativas para a violência e a marginalidade. Bia Abramo (2001), na orelha do livro *Hip-hop – a periferia grita*, deixa evidente esse recorte:

> O hip-hop é um fenômeno sociocultural dos mais importantes surgidos nas últimas décadas. Ora classificado como um movimento social, ora como uma cultura de rua, o fato é que o hip-hop hoje mobiliza milhares de jovens das periferias das grandes cidades brasileiras. Sua forma de expressão – a batida do rap, os movimentos do break e as cores fortes do grafite – são apenas signos visíveis de uma enorme discussão que fervilha entre esses filhos das várias e imensas desigualdades da sociedade brasileira a respeito da identidade racial, possibilidade de inserção social, de alternativas à violência e à marginalidade. Em menos palavras, o hip-hop é a resposta política e cultural da juventude excluída (Abramo, 2001, s/p).

Os deslocamentos dessa cultura vão além das rimas e da dança. Os desdobramentos do coletivo representam espaço de impugnação contra o racismo, contra desigualdades socioeconômicas, dentre outras formas de segregação e exclusão. O conhecimento fomenta essas organizações que buscam, de forma incessante, o respeito e a igualdade de oportunidade para todos(as). Assim, o hip-hop representa a oportunidade de ser e existir em uma sociedade ainda tão desigual, que perpetua as segregações contra os sujeitos que não se "encaixam" em um padrão social preestabelecido (Souza, 2011, p. 79).

O movimento ou a cultura hip-hop é formado/formada, em linhas gerais, por três elementos, a dança, a arte visual e a sonoridade, tendo, para cada um desses segmentos, agentes específicos. Apesar de entenderem que a sonoridade/música é realizada por dois agentes, o MC/*rapper* e o DJ, muitos autores[6] apontam que são quatro os elementos constitutivos do hip-hop, como vemos na citação de Santos:

> O termo *hip-hop* na verdade designa um conjunto cultural vasto que deriva daí seus quatro elementos artísticos: MC, *master of ceremony*, mestre de cerimônia ou *rapper*, a pessoa que leva a mensagem poética-lírica à multidão, que acresce as técnicas do *freestyling*, o livre improviso e o *beat-box*, que são sons reproduzidos pelas próprias cordas vocais dos *rappers* cuja característica de percussão guarda semelhança de efeito com um toca-discos ao acompanhar o MC; o DJ, disc-jóquei, aquele que coloca a música para dançar; a dança

---

[6] Como Fernandes (2018), Lima e Silva (2004), Rocha, Domenich e Casseano (2001), Souza (2011), entre outros.

> *break*, para aqueles que se expressam por meios de movimentos da dança; o grafite, as artes plásticas e a arte visual no *hip-hop* (Santos, 2002, p. 24).

A dança da cultura hip-hop se dá a partir de movimentos dos membros superiores e inferiores, que remetem e/ou simulam a mutilação e a fratura dessas estruturas corporais, situação que rememora a Guerra do Vietnã,[7] como explica João Felix (2005), na tese *Hip hop: cultura e política no contexto paulistano*.

> [...] uma forma de dançar na qual seus praticantes devem demonstrar grande domínio de sua gestualidade. Diz-se que alguns de seus passos foram inspirados na Guerra do Vietnã, como, por exemplo, a maneira de os dançarinos mexerem os membros inferiores e superiores, como se estivessem quebrados [...]. (Felix, 2005, p. 72).

Os *b.boys* ou as *b.girls* (dançarinos[as]) usam a corporeidade para se comunicar por meio das coreografias, que podem ser diversas, compreendendo desde movimentos mecanizados até movimentos aéreos. O corpo, nesse caso, é, além de tudo, político. Souza (2011 p. 75) lembra que "na cultura negra, a arte, a musicalidade e a corporeidade representam formas de criar e manter a sociabilidade, algo fundamental para a sustentação cotidiana."

> O dançarino [no movimento *hip hop*] pode se valer de variados estilos para mandar sua mensagem, utilizando desde uma mecanização do corpo, expressa em movimentos quebrados, de braços e cotovelos imitando robôs, até giros e acrobacias que mostram uma agilidade ímpar. Quem dança usa a linguagem do corpo para se expressar. Importa mostrar esse corpo responsivo, que fala e interage não apenas como demais elementos da cultura *hip-hop*, como também com o que está acontecendo ao redor. As *performances* mostram flexibilidade, agilidade e destreza com técnicas criadas e recriadas por *b.boys* e *b.girls* (Souza, 2011, p. 75-76).

O grafite, expressão visual do hip-hop, é uma linguagem plural que pode mesclar a escrita e a imagem, elementos que têm como função interferir no espaço urbano, veiculando mensagens explícitas e implícitas:

---

[7] Os Estados Unidos enviaram parte da população negra e hispânica para a Guerra do Vietnã (1959-1975). Esses sujeitos foram direcionados aos campos de batalha, onde muitos morreram e os sobrevivente permaneceram com sequelas permanentes, como mutilações, patologias físicas e psicológicas (Souza, 2011).

> O grafite é um texto multissemiótico, que mescla o verbal e o não verbal, com diferentes técnicas e estilos para internacionalmente interferir na paisagem urbana. O grafiteiro ou a grafiteira pintam temáticas significativas do momento que se vive. Classificamente os trabalhos que se apropriam de muros e fachadas são utilizados para "mandar sua mensagem" (Souza, 2011, p. 76).

Lima e Silva (2004) destacam, no grafite, os traços livres, a diversidade de tons e cores e as temáticas, frequentemente relacionadas a questões sociais.

Na Figura 1, vemos um grafite do famoso artista Banksy,[8] de identidade não conhecida. A leitura política da obra, impressa em um muro da Palestina, se dá por meio da inversão de papéis e de poderes, representada pela figura do soldado israelense sendo revistado pela menina palestina.

Figura 1 – Stop and search – Banksy

Fonte: Fuks (2021, s/p)[9]

Na Figura 2, do artista brasileiro Crânio,[10] temos uma mensagem em protesto à realização da Copa do Mundo de futebol, em 2014, ocorrida no Brasil. Na figura, um indígena aparece fantasiado de torcedor, manu-

---

[8] Disponível em: https://www.culturagenial.com/obras-banksy/. Acesso em: 28 nov. 2020.
[9] "Pintado em 2007 em Bethlehem, Palestina. O stencil de Banksy promove uma inversão de papéis: nele é a menina que encosta o soldado ao muro e o revista. Vale lembrar que o território escolhido pelo artista para intervir vive em permanente tensão entre judeus e árabes" (Fuks, 2021, s/p).
[10] Disponível em: https://www.bbc.com/portuguese/noticias/2014/06/140610_galeria_critica_copa_mdb. Acesso em: 20 nov. 2023.

seando um aparelho celular, enquanto as palavras ordem e progresso, em nossa bandeira, são substituídas pelo termo vendido, em inglês, denotando a exploração capitalista e estrangeira no país e nossa perda de identidade.

Figura 2 – Sold – Crânio

Fonte: Grafites (2014, s/p)

Apesar de inscrito dentro de um movimento cultural legítimo, o grafite já foi considerado ato de vandalismo, e os grafiteiros, muitas vezes, repreendidos e agredidos por se expressarem por meio dessa dupla linguagem.

> Até que o grafite fosse reconhecido como arte, muitos grafiteiros foram espancados, presos como "perturbadores da ordem", mas mesmo tendo cerceadas suas escritas em forma de desenho, continuam a buscar formas de sustentar sua arte subversiva [...] (Souza, 2011, p. 76).[11]

Isso se deve, sobretudo, à relação entre grafite e pichação, que ocupam o mesmo espaço, a cidade, utilizando-se do mesmo material. Zibordi, citado por Ícaro Oliveira Leite (2019), na dissertação *Universo em crise: engajamento e denúncia no rap de Djonga*, observa que

---

[11] Souza (2011) observa que as escolas, por meio de aulas de oficinas, chamam a atenção dos alunos das comunidades para o grafite, considerando-o a partir de uma perspectiva artística legítima e de importância. Entretanto, alguns desafios são encontrados devido ao custo dos materiais utilizados nos grafites (rolos, pincéis, sprays, suporte e tintas), o que dificulta a expressão desse elemento artístico da cultura hip-hop.

> Grafites e pichações estão mais relacionados do que separados e os argumentos em favor do conjunto são históricos, extraídos das práticas dos autores dessas manifestações, além da observação de campo deste pesquisador, cuja principal constatação na capital paulista, é a presença e convivência entre os dois estilos - existe a gíria "atropelas", que significa grafitar ou pichar por cima de outro trabalho; constatei muito poucos "atropelos" na capital paulista, evita-se ao máximo a sobreposição, respeita-se o trabalho alheio como tão válido quanto o seu. (Zibordi *apud* Leite, 2019, p. 16).

Dentre os elementos culturais que formatam o movimento hip-hop, destaca-se o rap, sua poesia cantada, que entrelaça dois elementos, o DJ e o MC. O MC é o poeta que compõe e expressa as letras de rap, enquanto o DJ dá sonoridade ao arranjo, que reverbera e tematiza questões sociais emergentes, como racismo, discriminações, desigualdades, abandono, fome e múltiplas violências (Souza, 2011, p. 16).[12]

Para Tatiana Moreira (2018), no seu artigo *Cultura: entre a arena de luta e o movimento hip-hop*, "o MC (Mestre de Cerimônia) ou rapper é quem canta e elabora os raps; o DJ é o responsável pela mixagem de sons e pela produção dos raps também; o grafite é a arte de rua feita pelos grafiteiros e o break é a dança que apresenta coreografias quebradas." (Moreira, 2018, p. 2). Souza (2011) ressalta que o DJ cria a sonoridade das letras, usando como suporte algumas ferramentas como computadores e outras aparelhagens. Esse som pode ser organizado com base em outros sons já existentes.

> A arte de ser disc-jóquei – DJ – está em elaborar composições sonoras que, em toca discos e/ ou computadores, mostram resultados das técnicas que fazem dialogar sons diversos e excertos de outras músicas, coladas e remontadas. A função, pelo manejo das aparelhagens, é criar e sustentar a cadência no ambiente, festa ou apresentação de *hip-hop* (Souza, 2011, p. 75).

O MC é o responsável por criar e cantar as letras de rap que, muitas vezes, são elaborados por ele/ela. Suas canções retratam a realidade das comunidades, trazendo aspectos sociais e culturais, que podem ser questões mundiais ou da sua "quebrada". As canções podem ser improvisadas, recebendo o nome de *freestyle*.

---

[12] Segundo Souza (2011, p. 16), "a face mais expressiva do hip-hop está ancorada no rap – a poesia cantada".

> Em um evento de hip-hop, o mestre ou a mestra de cerimônia, MC, veicula a mensagem, declama e canta poesia, da qual geralmente tem a autoria. Seu papel é usar a voz para falar do cotidiano; ele ou ela, pela poesia, trazem aspectos do contexto social e cultural e mostram de que maneira mantêm relações com questões globais e locais. Cada MC imprime a sua palavra cantada um estilo que o faz diferenciar-se dos demais. Não podemos esquecer que a dimensão da "competição" está sempre presente. Geralmente, ocorre o que os ativistas chamam de *free style*, falas improvisadas em forma de versos, em cima de batidas do DJ, em torno de assuntos, fatos ou temáticas [...] (Souza, 2011, p. 73-74).

Lima e Silva (2004) lembram que o termo MC foi sendo substituído por *rapper* e a este cabe "apresentar a realidade que nem sempre é associado à energia positiva, pois a realidade muitas vezes é composta de miséria, violência e fome." (Lima; Silva, 2004, p. 65).

Os *rappers* são sujeitos que atravessam diferentes contextos, não ficando restritos à composição das canções e ao seu canto, apesar de essa vertente ser a mais consolidada. No entanto, esses sujeitos se envolvem em causas sociais diversas, como podemos observar no estudo de Bráulio Loureiro (2015), *Autoeducação e formação política no ativismo de rappers brasileiros*:

> Os rappers extrapolam as fronteiras da composição/expressão musical e se dedicam a atividades direcionadas às populações de seus bairros e da periferia urbana em geral. Campanhas informais de arrecadação de mantimentos, oficinas de rap para jovens, palestras e debates em escolas e instituições prisionais, organização para trabalho institucionalizado, inserção em partidos políticos e vinculação a movimentos sociais estão entre essas atividades [...]. (Loureiro, 2015, p. 15).

É possível compreender que, além desses quatro elementos (considerando as figuras do *rapper* e do DJ), haveria um quinto, o conhecimento, não pensando o rap apenas como um produto mercadológico, mas considerando sua dimensão sociocultural. Em seu livro *Se liga no som: as transformações do rap no Brasil*, Ricardo Teperman (2015, s/p) avalia que a ideia é oferecer "um contraponto à redução do rap a um produto de mercado, reforçando sua potencialidade como produto de transformação".

Heloisa Buarque de Hollanda (2012), em *Estética da periferia: um conceito capcioso*, aponta que:

> O conhecimento, chamado de o quinto elemento, é um componente extremamente importante, na medida em que o fator estruturante da estética hip hop brasileira é a questão do ativismo, da consciência de sua história, da afirmação da história de uma cultura local e de suas raízes raciais e, portanto, da necessidade da busca de informação e de conhecimento (Hollanda, 2012, p. 87).

Em outro texto, *A política do hip-hop nas favelas brasileiras*, Hollanda (2014) observa que o conhecimento se apoia na literatura, que valoriza o enredo histórico e a ancestralidade do movimento que se pode observar nas comunidades. Tal vertente cultural incentiva os sujeitos a buscarem conhecimento, muitas vezes ingressando em meios formais de educação para aquisição de múltiplos saberes, uma interseccionalidade que dialoga em diversos espaços, em diferentes contextos e com vários sujeitos:

> A partir da necessidade política de valorização da história local e das raízes culturais do hip-hop, podemos observar nas comunidades hip-hop brasileiras um investimento bastante significativo nas formas de **aquisição e produção de conhecimento em formas cada vez mais amplas e diversificadas, incluindo-se aqui um real aumento na taxa de entrada destes artistas em instituições de educação formal de ensino médio e superior.** Diferenças à parte, o que une e define o hip-hop no Brasil é a criação de um conjunto de ações mediadas pela cultura buscando a transformação em suas comunidades [...] sendo assim, capaz de articular um fórum supranacional de jovens pobres e pretos que levantam a bandeira da resistência. Estas articulações transnacionais, tal (sic) como vêm sendo realizadas pelo hip-hop, aumentam sensivelmente a força e o poder para suas demandas específicas, ecoando de alguma forma o tom mais sofisticado dos Fóruns Sociais Mundiais. (Hollanda, 2014, p. 2-3, grifos nossos).[13]

---

[13] A respeito disso, Hollanda destaca dois exemplos: "O primeiro é o caso do Grupo Cultural AfroReggae, o segundo é o caso do impacto da criação e do consumo da literatura nestas comunidades. Falo especialmente do trabalho dos escritores Ferréz, Sérgio Vaz e Alessandro Buzo e do surpreendente poder de mobilização da literatura hip-hop. Estes são apenas dois entre os muitos casos que podem ser encontrados no panorama das favelas brasileiras. (Sérgio Vaz celebra o hip-hop com **poesia marginal** no Sarau Rap)" (Hollanda, 2014, p. 3, grifos nossos).

É sabido que as canções de rap enaltecem as transformações sociais que a educação promove em todos os espaços. Uma canção emblemática (potente) que revozea essas práticas é o rap *Lição de casa*,[14] do grupo Inquérito (sem álbum – canção independente), de 2017, composta pelo professor doutor Renan Lelis Gomes, mais conhecido como Renan Inquérito.[15]

A fim de exemplificar como a educação aparece no referido rap, será feita uma análise de alguns trechos da canção *Lição de casa*. No trecho a seguir, o rap ganha notoriedade, pois é por meio dele que algumas questões são ressignificadas na sociedade. Observa-se a mudança de perspectiva quando o rap promove a coletividade (uma rede de apoio e ajuda) na laje das quebradas. Na música,[16] um recluso, mesmo em situação de cárcere, ganha um concurso de poesia (o rap é poesia). Assim, a canção apresenta a possibilidade da melhoria das condições de vida a partir do trabalho, com conquista de bens materiais e ascensão financeira.

> O Rap é a comunidade enchendo a laje
> É ir no cinema ver um filme e tá lá o Sabotage
> É quando um moleque da Fundação contraria
> E ganha um concurso de poesia
> [...]
> É um carrinho de dog que virou food truck

No próximo trecho em análise, o rap dialoga com a educação pública, quando revozea que a escola foi ocupada pelo aluno, numa referência ao fato ocorrido em 2016, quando estudantes de todo o Brasil se organizaram para

---

[14] "Em sua nova música '**Lição de Casa**', o **Inquérito** mostra que o rap é tudo isso e muito mais, trazendo à tona reflexões bastante pertinentes para o momento do país e da própria cultura hip hop. Produzida por **DJ Duh** *(Groove Arts)*, a canção conta com participações de **Tulipa Ruiz** e um afiado time de músicos. Para montar a letra, **Renan Inquérito** teve a ideia de reunir em uma só poesia diversas frases suas, ditas em entrevistas ou recitadas em shows e saraus. Todas elas possuem um ponto em comum: por meio de metáforas e exemplos pinçados da história, da cultura negra e do cotidiano periférico, cada verso tenta definir o que é rap e qual é o significado de sua essência" (DJ Abraão, 2017, s/p).

[15] "Também a educação ganha atenção especial do músico em '**Lição de Casa**', já que **Renan** é poeta, professor e pesquisador/doutor, sob coorientação do renomado sociólogo português **Boaventura de Sousa Santos**. '*Todo professor também é um MC, um 'mestre de classe', e é mais exigido do que o MC convencional do rap*', reflete o rapper. '*O MC do rap pode passar o mesmo conteúdo todos os dias, afinal sempre fala para públicos diferentes. Já o professor lida com a mesma turma todos os dias e, por isso, não pode repetir o conteúdo nem a performance. Então ele precisa ser um 'MC' muito mais cabuloso!*" (DJ Abraão, 2017, s/p). Renan Inquérito terminou seu doutoramento em 2019, pela Universidade Estadual Paulista Júlio de Mesquita Filho (Unesp).

[16] Disponível em: https://www.youtube.com/watch?v=bfx7OXyqXhM. Acesso em: 12 jul. 2023.

ocupar as escolas, universidades e Institutos Federais contra a PEC[17] 241/2016 ou PEC 55/2016, que congelou os gastos do governo federal em educação por 20 anos. Alguns nomes de resistência são citados (Marighella, Mandela, Guevara, Dandara e Zumbi). Como lutaram contra o racismo, as desigualdades sociais e as arbitrariedades, a canção designa essas figuras como *rappers*. Além disso, a música exalta o espírito de solidariedade, que é mostrado quando "as tias" se preocupam com pessoas em situação de vulnerabilidade social, lutam contra a fome e levam sopa para pessoas que estão em condição de rua.

> Quer saber o que é Rap puro?
> A escola ocupada pelos aluno!
> Marighella, Mandela, Guevara, Dandara, Zumbi
> Foram Rap antes do Rap existir
> Um texto do Ferréz, um samba do Adoniram
> São Rap tanto quanto qualquer som do Wu Tan Clan
> E as tia que leva sopão pros mendigo
> É Rap até umas hora, mais que os MC umbigo

No recorte a seguir, a canção mostra a importância das periferias "o mundo não é centro, é periferia", lugar invisibilizado pelo Estado, mas que, ao mesmo tempo, se (re)constrói na coletividade e na fraternidade. O rap promove ações culturais, como saraus, batalhas, dentre outras ações culturais que, muitas vezes, impedem o jovem periférico de recorrer ao "mundo da criminalidade", "resgatando mais gente do que o SAMU".

> Rap é tipo Galileu e a sua teoria
> Provou que o mundo não é centro, é periferia
> Sarau da Cooperifa, em plena Zona Sul
> Resgatando mais gente do que o Samu

Alguns nomes solenes são citados, como o do geógrafo Milton Santos, que era professor, cientista, escritor e advogado, sendo considerado um dos mais influentes intelectuais do século XX. Paulo Freire, educador brasileiro, nordestino, reconhecido internacionalmente por sua pedagogia crítica e por suas obras, aparece como um dos nomes mais citados na área

---

[17] Para entender a PEC 241, leia Alessi (2016). Disponível em: https://brasil.elpais.com/brasil/2016/10/10/politica/1476125574 221053.html. Acesso em: 1 jul. 2023.

da educação. Renan Inquérito associa Milton e Freire ao rap e à escola (poesia e sabedoria).

> Rap é Milton Santos, é Paulo Freire, é escola
> [...]

O eu lírico testemunha o improviso de uma mãe periférica que, mesmo com poucos recursos financeiros, precisa se desdobrar para não deixar faltar mantimentos dentro do seu barraco.

> [...]
> É a mãe da família que vira freestaylera
> E improvisa com o pouco "dendá" geladeira
> Um pivetinho ouvindo Racionais com 11 anos

O próximo trecho em análise nos remete à Educação de Jovens e Adultos (EJA), quando disserta sobre a "força de uma senhora se alfabetizando". A EJA é uma modalidade de educação destinada a pessoas que não puderam ou não conseguiram completar sua formação em determinado momento. Isso significa dizer que, nesse contexto, em algum momento, o direito constitucional à educação foi negado para essas pessoas. Nesse sentido, essa modalidade resgata a oportunidade de continuidade dos estudos e promove o exercício da cidadania.

Nomes respeitáveis são citados na canção, como Dina Di (a primeira mulher a conquistar notoriedade no rap brasileiro, vocalista do grupo "Visão de Rua", sendo indicada a diversos prêmios e festivais); Carolina de Jesus (mulher negra, mãe, periférica, poetisa e escritora. Carolina ganhou notoriedade nacional e internacional por meio da escrita de seus diários, que retratavam a dura vida de uma mãe solo, favelada e catadora de papel na favela do Canindé, em São Paulo. Autora de diversas obras, sendo a mais famigerada *Quarto de despejo: diário de uma favelada*); Jorge Bem (cantor e compositor brasileiro que trabalha em suas canções diversos ajuntamentos das canções afro-americanas, sendo autoridade na MPB); Bezerra da Silva (cantor, compositor e sambista. Suas canções de samba retratavam as adversidades sociais das favelas e da população marginalizada); Mussum (músico, cantor, ator e humorista brasileiro. Fazia parte do grupo "Trapalhões").

Renan Inquérito associa o rap à imagem dessas ilustres figuras, afirmando que elas "foram rap também". Assim, o rap é enaltecido em diferentes perspectivas, pois até uma "palavra que salva um moleque" é designada como rap. Nesse sentido, a música é tomada como um instrumento que mostra a importância das pessoas e enaltece potências, sendo resistência.

> A força de uma senhora se alfabetizando
> [...]
> Dina Di, Carolina de Jesus, Jorge Ben
> Bezerra da Silva e Mussum, foram Rap também
> E quando uma palavra salva um moleque
> Uns chamam de conselho, eu chamo de RAP

O refrão a seguir mostra que o rap é uma chave, pois abre portas, cria oportunidades e forja brechas. É um escudo, pois protege as pessoas, evitando que elas recorram à criminalidade como forma de sobrevivência. É uma espada, pois representa um instrumento de luta, que pode ser usado para denunciar as injustiças sociais e retratar o cotidiano das periferias. É uma lâmpada, pois é símbolo de esperança, luz e oportunidade. É um colete, pois oferece proteção e defesa para quem busca notoriedade por meio das canções. É uma escada, visto que se configura como forma de ascensão social para os *rappers* e, por meio deles, as canções vociferam as segregações e desigualdades. É uma bússola, já que se constitui como um direcionamento, uma rota que busca o bem do coletivo das quebradas. É um despertador, pois é a partir do rap que as pessoas despertam para a realidade que as envolve e problematizam as injustiças sociais que sofrem diariamente. O despertar mostra uma mudança de paradigmas, reforçando que lutar em prol de melhorias de vida e de justiça social é preciso, é emergencial.

> É uma chave, um escudo uma espada
> Uma lâmpada, um colete, uma escada
> Uma bússola, um despertador

Souza (2011) enfatiza que o movimento hip-hop está associado às práticas educativas, que reflete no processo construtivo do conhecimento por meio de múltiplos letramentos, sendo: escritos, digitais, orais, estéticos, gestuais e corporais, pensado e organizado como um agregado de sabedoria e aprendizagem que nasce desse expressivo movimento cultural. "Os letramentos do hip-hop também são sustentados por práticas engendradas pelos movimentos sociais negros que historicamente reivindicam direitos, inclusive na área da educação." (Souza, 2011, p. 35).

Essas ações podem ser configuradas como "micro resistências", que estão em constante construção, se dando por meio de formas contestatórias de ser e agir, uma organização que disputa espaços socialmente legitimados (Souza, 2011, p. 37).

Conforme Silva (1999), o conhecimento da cultura *hip-hop* se dá de diversas formas, sendo uma delas a compreensão da realidade de modo histórico, fazendo um atravessamento na diáspora negra no mundo por meio de uma educação não formal, visto que o formal sempre silenciou o conhecimento e a ancestralidade do povo negro.

> Nesse momento os rappers enfatizam que o "autoconhecimento" é estratégico no sentido de compreender a trajetória da população negra na América e no Brasil. Livros como Negras raízes (Alex Haley), Escrevo o que eu quero (Steve Byko), biografias de Martin Luther King e Malcom X, a especificidade do racismo brasileiro, especialmente discutida por Joel Rufino e Clóvis Moura, bem como lutas políticas da população negra, passaram a integrar a bibliografia dos rappers. O objetivo era obter um conhecimento fundamental para a ação, mas que lhes fora negado no processo de educação formal (Silva, 1999, p. 29).

Conforme o exposto, os *rappers* são sujeitos que buscam o conhecimento de forma autônoma, visto que o modelo educacional formal deixou algumas lacunas, já que se baseia no entendimento de uma sociedade pautada no apagamento histórico da (re)existência negra. Compreender essas questões que foram silenciadas é fundamental para que se possa refletir sobre algumas questões constitutivas da sociedade, como, por exemplo, o racismo, e se contrapor a esse modelo que exclui socialmente determinados sujeitos. Isso fez com que os *rappers* assumissem uma função social e política, e o rap se convertesse em uma voz dissonante que deslinda a realidade histórico-social do país, em que o racismo está arraigado, sendo, portanto, um "raio x do Brasil".

Segundo Silvio Almeida (2020), em sua obra *Racismo Estrutural*, o racismo

> [...] é uma forma sistemática de discriminação que tem a raça como fundamento, e que se manifesta por meio de práticas conscientes ou inconscientes que culminam em desvantagens ou privilégios para indivíduos, a depender do grupo racial ao qual pertençam (Almeida, 2020, p. 32).

Dessa forma, a discriminação racial pode ser cometida de forma intencional e não intencional. Essa ação, independentemente de sua forma, sempre deixa em desvantagem o indivíduo que sofre tal discriminação, perpetuando privilégios. A discriminação segrega, exclui e inferioriza pessoas que são pertencentes ao grupo de negros (pardos e pretos). Sendo assim, percebe-se que o racismo serve como um suporte de dominação para as classes dominantes, deixando as classes dominadas em situação de inferioridade e subalternidade.

Para Silva (1999, p. 29-30), uma das contribuições sociais dos *rappers* está na desconstrução do mito da democracia racial, que se dá justamente pelo autoconhecimento e pela história da diáspora negra, na medida em que, em suas canções, eles "denunciam o racismo, a marginalização da população negra e dos seus descendentes" que condicionam a "condição de excluídos e os fatores ideológicos que legitimam a segregação dos negros no Brasil", ao mesmo que "reelaboram também a identidade negra de forma positiva":

> A afirmação da negritude e dos símbolos de origem africana e afro-brasileira passaram a estruturar o imaginário juvenil, desconstruindo-se a ideologia do branqueamento, orientada por símbolos do mundo ocidental. Redefiniram, dessa forma, as relações raciais normalmente vistas como cordiais. Para os rappers, a condição concreta da população negra no Brasil indica que o discurso da cordialidade é apenas uma máscara que precisa ser retirada. A valorização da cultura afro-brasileira surge, então, como elemento central para a reconstrução da negritude. [...] A partir dessas referências a produção musical torna-se o meio pelo qual o "autoconhecimento" juvenil será expresso. Autoconhecimento torna-se, portanto, uma palavra-chave para os integrantes do movimento hip hop (Silva, 1999, p. 29-30).

Segundo Almeida (2020), o discurso de meritocracia sustenta a ideologia da democracia racial, sendo um grande equívoco. Existe uma ideia deturpada de que, no Brasil, não há racismo[18] e, com essa ideia, a meritocracia potencializa as desigualdades sociais e as múltiplas violências. Essa concepção guarda um estigma de que pessoas negras não se esforçaram o bastante para alcançar o sucesso, narrativa que pereniza as desigualdades (Almeida, 2020). O racismo existe no Brasil desde sua colonização pelos europeus. Pensar em racismo é pensar na escravidão e no processo violento da retirada dos negros do continente africano, com o intuito de explorá-los em terras brasileiras.

Ao falar de rap, é importante compreender sua relação com o continente africano, uma aproximação via transatlântica entre Brasil e África. Joseli Fernandes e Cilene Pereira (2017), no artigo *Do griot ao rapper: narrativa da comunidade*, apontam a relação existente entre o *griot* e o *rapper*:

> O griot, figura frequente na África tribal, designa, na cultura africana, aquela pessoa que conta as histórias de uma determinada comunidade, função geralmente atribuída ao ancião de uma tribo devido à sua sabedoria e ao conhecimento por ele acumulado (Fernandes; Pereira, 2017, p. 621).

De maneira semelhante, por meio de suas canções, o *rapper* pronuncia-se sobre sua "quebrada", exercendo, de tal modo, uma função política, a de revelar a história das pessoas, utilizando o gênero musical como um dispositivo de denúncia e crítica social. Existe uma relação direta de similaridade, pois ambas as figuras usam a oralidade para se comunicarem de forma expressiva.[19] Tal perspectiva é assumida por *rappers* como Flávio Renegado, que, na letra de *Meu canto*, do álbum *Do Oiapoque a Nova Iorque*, de 2008, diz:

> Canto pro meu pranto se quebrar
> Trazendo alegria o sol virá E com ele o meu cantar Quando eu canto!

---

[18] Existe também uma ideia equivocada sobre racismo reverso que, na realidade, é uma falácia. Almeida (2020) observa que: "O racismo é processo político. Político porque, como processo sistêmico de discriminação que influencia a organização da sociedade, depende de poder político; caso contrário seria inviável a discriminação sistemática de grupos sociais inteiros. Por isso, é absolutamente sem sentido a ideia de *racismo reverso*. O racismo reverso seria uma espécie de "racismo ao contrário", ou seja, um racismo das minorias dirigido às maiorias. Há um grande equívoco nessa ideia porque membros de grupos raciais minoritários podem até ser preconceituosos ou praticar discriminação, mas não podem impor desvantagens sociais a membros de outros grupos majoritários, seja direta, seja indiretamente. Homens brancos não perdem vagas de emprego pelo fato de serem brancos, pessoas brancas não são "suspeitas" de atos criminosos por sua condição racial, tampouco têm sua inteligência ou sua capacidade profissional questionada devido à cor da pele" (Almeida, 2020, p. 52-53).

[19] "O RAP, constituído a partir dos elementos 'ritmo e poesia' (do inglês *rhythm and poetry*), está vinculado a uma longa tradição histórica que revisita e reelabora cantos, danças e batuques da cultura negra africana desde o século XVI" (Righi, 2011, p. 9).

> Acabam-se os prantos
> Vejo a esperança e alegria nos olhos dos manos
> Emano da alma o meu canto de guerra
> Poesia urbana às vezes vulgar, mas sempre sincera
> "O griot" futurista que mantém vivos os ancestrais
> No tambor ou nos beats, eu sou capaz
> O meu canto não traz sabedoria de um profeta
> Mas a malandragem de um marginal poeta
> [...]

Segundo observa Fernandes (2018), numa análise dessa canção, o "ato de cantar representa uma ação" na qual se canta "a própria expressão das vozes silenciadas que, agora, por meio do rap, falam", de modo que o *rapper* atua "como uma voz individual que dinamiza o coletivo que, impregnada da vivência na comunidade, tem seu lugar de fala instituído por meio do rap" (Fernandes, 2018, p. 60).

Souza discorre que o hip-hop surgiu por meio de rotas históricas (África e América), sendo que o rap tem sido engendrado nas práticas culturais africanas tradicionais reformuladas na atualidade. Dessa maneira, a figura dos *griots* (homens) ou as *griottes* (mulheres) é de extrema importância, sendo a concepção formativa do movimento cultural que ganhou dimensões transatlânticas. Os *griots* e as *griottes* carregavam consigo um saber ancestral, usando a linguagem oral[20] como centralidade do conhecimento. Esses conhecimentos eram diversos e o uso das narrativas veiculava inúmeros saberes, de modo que essas pessoas eram

> [...] cronistas, oralizavam publicamente memórias, histórias de costumes e feitos da sociedade, responsabilizando pela difusão dos ensinamentos por meio da palavra, tida como fonte da cultura e do saber. Mestres da arte de narrar, eles e elas são educadores, contadores de histórias, artistas, poetas, musicistas, cujo papel na comunidade é recriar e fazer circular no cotidiano os costumes e as memórias ancestrais (Souza, 2011, p. 61).

Nesse sentido, Marcus Salgado (2015), no artigo *Entre ritmo e poesia: rap e literatura oral urbana*, traz as ideias de Rancière, para quem o rap

---

[20] O rap também usa a linguagem oral como centralidade circunstancial. É por meio da oralidade, em forma de narrativas contundentes, que os *rappers* vociferam questões negativas e positivas das suas quebradas. É a partir do canto ritmado (em forma de denúncia) que os *rappers* mandam sua visão. Eles/elas assumem o papel dos griots/griottes da contemporaneidade.

> [...] funciona como um lugar de encontro entre as vozes mais diversas no plano da subjetividade, que, contudo, trazem à boca de cena sua condição social determinada pela classe de origem, gerando, com isso, o efeito de "comunidade", no sentido que confere ao termo Agamben (1993). Aqui fica claro como esse efeito de comunidade – da voz coletiva – é obtido não exatamente pela homogeneização das diferenças em prol de um diapasão comunal (periferia como conceito norteador), e, sim, muito mais, pela atenção à escuta das vozes outras e múltiplas que compõem a partilha do sensível (Rancière, 2005 *apud* Salgado, 2015, p. 156).

A tradição das narrativas orais e de outras formas expressivas da oralidade poética vêm sendo geradas por escritores africanos a partir de literaturas escritas e produzidas no continente, precisamente em países lusófonos. Para Amarino de Queiroz (2019), em *Griots, cantadores e rappers: do fundamento do verbo às performances da palavra*,

> A tradição das narrativas orais e de outras formas poéticas da oralidade, flagradas através do trabalho desenvolvido por diversos escritores africanos contemporâneos vem se constituindo, em maior ou menor grau, num dado significativo que se alia ao processo de elaboração das literaturas escritas produzidas naquele continente. Tomandose (sic) o exemplo de alguns países africanos de língua portuguesa, poderíamos sugerir que a retomada dessa oratura e, consequentemente, sua reelaboração através da palavra fixada pela escrita ou performatizada pela associação entre voz, gesto, movimento, encenação e traço, como ocorre no rap, tem consistido num importante elemento capaz de viabilizar não apenas uma mais completa assimilação dessas modalidades expressivas, mas também uma contribuição efetiva no sentido de afirmar positivamente as identidades culturais daqueles países [...]. (Queiroz, 2019, p. 110).

Com a colonização do Brasil, algumas práticas ganharam mais notoriedade, em detrimento de outras já existentes e efetivas, numa situação/organização que tentou impor traços da cultura europeia em terras brasileiras não como uma "soma", mas pensando em uma perspectiva de apagamento progressivo das culturas nativas (indígenas) e da cultura de matriz africana, que era negada, invisibilizada e perseguida, como observa Souza:

> [...] algumas práticas letradas, mais próximas da concepção do modelo europeu, ganharam mais visibilidade e legitimidade em detrimento da oralidade e saberes autogerados e

vernaculares das produções indígenas e negras de ascendência africana. (Souza, 2011, p. 38).

O rap promove a dialogicidade, sendo um gênero musical que está alinhado à oralidade. Ao mesmo tempo que o *rapper* dialoga com outros interlocutores nas canções, promove uma reflexão acerca do contexto da narrativa-musical. Um exemplo desse tipo de interação está na letra do rap *Vida Loka – parte I*, do grupo Racionais MC's, do álbum *Nada como um dia após o outro*, de 2002:

> [...]
> - E aí, bandido mal, como que é, meu parceiro?
> - E aí, Abraão, firmão truta?
> - Firmeza total, Brown e a quebrada aí, irmão?
> - Tá pampa, aí fiquei sabendo do seu pai! Aí, lamentável truta, meu sentimento mesmo, mano!
> - Vai vendo, Brown, meu pai morreu. E nem deixaram eu ir no enterro do meu coroa não, irmão.
> - Isso é louco, cê tava aonde na hora?
> - Tava batendo uma bola, meu, fiquei na mó neurose, irmão.
> - Aí foram te avisar?
> - É, vieram me avisar, mas tá firmão, brow, logo mais tô aí na quebrada com vocês aí.
> - É quente, na rua também num tá fácil não morô, truta? Uns juntando inimigo, outros juntando dinheiro. Sempre tem um pra testar sua fé. Mas tá ligado, sempre tem um corre a mais pra fazer. Aí, mano, liga nós aí qualquer coisa. A gente tá ligado mesmo lado a lado.
> - Nós até o fim morô, mano? - Tô ligado!
> [...][21]

No trecho, percebemos não só a situação de interlocução, mas é possível observar que ela se constrói por meio de uma oralidade própria, na qual se destacam as gírias, elementos identitários das canções de rap e dos processos dialéticos das quebradas.

Outra canção que deixa evidente o diálogo no rap é *Último perdão*, do grupo Expressão ativa, no álbum *Dor de uma lágrima*, de 2002. Nessa canção, existe uma demarcação de três vozes narrativas: o narrador, o personagem baleado e Deus.

---

[21] A canção pode ser ouvida em: https://www.youtube.com/watch?v=jc36BlAEWlQ. Acesso em: 29 nov. 2020.[23] Local no hospital destinado a pacientes em estado grave, que correm risco eminente de morte.

No segundo plano sonoro da canção, temos o som específico de um hospital, especificamente de um Centro de Terapia Intensiva (CTI),[23] além de também serem ouvidos sons de disparos de arma de fogo. Na canção, o autor dos crimes está em coma depois de ser baleado e, no seu subconsciente, conversa com Deus, pedindo perdão pelos crimes cometidos. Deus conversa com o ladrão, solicitando sua confissão, o que dá início ao relato dos delitos cometidos pelo homem em coma. Porém, sua fala é concretizada por meio de um "narrador", mantendo um distanciamento. No final da letra da canção, o ladrão tenta pedir perdão, porém não consegue, dá seu último suspiro e morre. Após sua morte, há a inserção de sons lineares dos aparelhos, sugerindo que houve uma parada cardíaca, resultando em sua morte:

> E só agora o homem chora
> E quando o homem chora, precisa pedir o seu
> Chora, o homem chora e quando o homem chora vai, vai
> Implora seu último perdão
> O homem chora reza, ora, pedindo a Deus
> A lágrima rola no canto dos olhos implora
> Ah meu Deus
> Minha vida inteira foi só pensar
> Que eu vou me dar bem, atirando em alguém
> Ao invés de morrer eu gosto de matar
> Mas eu exagerei tanta gente matei sem dó
> Por causa de pedra e pó uma bala no crânio e só
> Hoje eu sei quanto mal eu causei
> Cada tiro que eu dava escutava o grito
> Me perdoa meu Deus os tiros e as dores hoje sou eu quem sinto
> Numa cama em coma não reage não fala
> Meu cérebro está morrendo com projétil de uma bala
> Aquele cara metia mó mala não tinha ideia com ele é na bala
> Desacreditou eu engatilhei o cara sacou então atirei
> A lei do cão foi ele quem fez
> Segura ladrão chegou sua vez
> Lembra do meu irmão? Você riscou do caderno, mandou pro inferno
> Agora pow! sente a dor
> Sempre haverá o melhor do pior pra quem se achar o terror
> Aham
> Deus alguém está chamando o nome do senhor

Pra conseguir o último perdão
Me responda se puder me ouvir, eu imploro
Deus meus olhos se fecharam me dê uma luz vinde a mim Jesus
Eu sou a luz que veio ao mundo para que todos aqueles que creem em mim não permaneçam nas trevas
Vai ladrão abre seu coração e conquista seu último perdão
Deus eu matei tanta gente que nem consigo lembrar o barulho do
Travou minha mente, feriu meu subconsciente
Estou aqui pedindo perdão isso é tarde ou não
Ouça a voz do meu coração
Porque meus lábios não se mexem
Meu corpo está totalmente paralisado
Pressinto meu fim minha morte sem perdão
Me deixa sem paz piedade de mim
Eu já perdoei quem me baleou
E que pare a matança não quero vingança
Tanto matei sem ter motivo e agora respeito a todo ser vivo
Talvez em teu livro da vida meu nome esteja quase apagado
Sem carinho, sem amor, sem dó eu pratiquei o terror e só
Machuquei muitas famílias, formei minha própria quadrilha
E agora me sinto abandonado agora sim sou um pobre coitado
Servia ao diabo e nem reparei que estava errado e que Deus é a lei
Única que eu contrariei, te imploro senhor
Estou entre a morte e a vida está acabando minha respira
Pelo amor de Deus dê-me o último
Chora, o homem chora
E quando o homem chora vai, vai
Implora seu último perdão
Chora o homem chora
E quando o homem chora vai, vai
Implora seu último perdão
E só agora o homem chora E quando o homem chora precisa pedir o seu perdão[22]

---

[22] Disponível em: https://www.youtube.com/watch?v=gyW2euOCxtY. Acesso em: 29 nov. 2020.

O rap cruza informações com o objetivo de construir uma nova perspectiva estética, valendo-se da oralidade das culturas africana e afro-americana, perpassadas por um viés político, não deixando de expressar questões ligadas à cultura local. Salgado (2015) destaca que

> [...] o rap é "profundamente influenciado pela tradição oral da cultura africana" (BÉTHUNE, 2003, p. 48), já que seu fundamento é a "elaboração oral do pensamento" (BÉTHUNE, 2003, p. 51), característica de sociedades onde a escrita não se impõe como valor de referência absoluta, ao mesmo tempo que a oralidade abre a possibilidade de uma "escrita da voz". (BÉTHUNE, 2003, p. 52). A diferença, contudo, é que no rap estamos diante de uma oralidade armada de tecnologia; assim, "incorporando-se à tecnologia e apropriando-se de seus recursos, a oralidade ganha uma nova força" (BÉTHUNE, 2003, p. 56), que permite sua coexistência com a escrita sem a subordinação da primeira pela última. (Salgado, 2015, p. 151-152).

O rap promove uma (re)existência ao resgatar figuras históricas que lutaram e se rebelaram contra o sistema escravocrata, conscientizando e dialogando sobre realidade atual, não deixando de refletir sobre a história do país. Lourdes Carril (2006), em *Quilombo, território e geografia*, observa que:

> Conceitos como quilombo, senzala e casa-grande fazem parte do cotidiano de jovens da periferia [...] alguns deles - sobretudo os que gostam e fazem *rap*, comparam as relações sociais e espaciais da cidade com uma senzala. No *rap*, o quilombo é resgatado da imagem da figura de Zumbi dos Palmares. O quilombo parece ressurgir e seu conceito se ampliar a partir de várias realidades, indicando que os temas da escravidão, da discriminação racial e da resistência negra permanecem no imaginário social e na materialidade da vida social brasileira ainda neste início de século (Carril, 2006, p. 162).

O gênero musical se afirma e reafirma como uma expressão denunciativa, tendo em vista que suas letras são estruturadas para tal finalidade, como observa Salgado:

> No código genético, o rap traz um regime estético em que se entrelaçam som e palavra. Esse regime insere-se plenamente numa tradição cultural de matriz africana na qual se verifica a sobrevivência das formas orais de literatura. É nesse sentido que o rap se afirma como ponto de convergência entre inúmeras manifestações culturais africanas e afro-americanas nas

> quais esses dois elementos – som e palavra, ritmo e poesia – se articulam de forma a gerar canções, narrativas, poemas etc. É possível reivindicar, como seus antecedentes, o blues e o gospel, as canções de trabalho dos escravos, os pregões de rua dos "negros de ganho" e os vissungos. Nessas formas todas, encontram-se palavra e som a fim de comunicar mensagens de fundo social, pelos quais se delineiam os mecanismos de exclusão operantes sob as mais diversas máscaras, nos mais diversos tempos e espaços (Salgado, 2015, p. 1).

O rap ganhou novas dimensões de acordo com apropriações culturais que foram sendo realizadas. Assim, a maneira de expressar o gênero ganha especificidades conforme as demandas de cada *rapper* que, de forma direta e indireta, relata a realidade de sua comunidade, com suas demandas específicas. Isso porque, de acordo com Loureiro (2017, p. 421), "mesmo na esfera do protesto social as expressões na forma rap não se manifestam de maneira uniforme, já que se encontram atravessadas pelo quadro artístico, cultural e político de cada região, além da visão de mundo de cada *rapper*".

Segundo Teperman (2015, s/p), "o fortalecimento dos movimentos sociais, com o fim da ditadura civil-militar brasileira,[23] (1964-85) criou um terreno fértil para a politização do rap". Loureiro (2017, p. 14) aponta que, no final de década de 1980, na Praça Roosevelt, no centro de São Paulo, ocorriam encontros, apresentações e debates com viés de denúncia por integrantes ligados ao movimento hip-hop. As mensagens nas letras de rap apresentavam um panorama que debatia questões relacionadas à fome, à miséria e às ações executadas pela polícia, como representante do Estado:

> De modo geral, ao longo de aproximadamente três décadas, os rappers ativistas brasileiros vêm se colocando no papel de educadores da periferia. Acessando o universo simbólico e construindo um canal de reflexão coletiva sobre as causalidades do conjunto de experiências vividas por negros e pobres, os rappers ativistas se mostraram política e pedagogicamente capazes de impressionar uma geração de jovens periféricos. As apresentações e os debates na Praça Roosevelt, em 1989, a difusão das posses e coletivos de hip-hop na periferia

---

[23] O *hip-hop* ganha força no Brasil dentro de um contexto político bem excêntrico, sendo no final dos anos de 1970 e início dos anos 1980, em um período de declive de quase 20 anos de ditadura militar. Nessa época o Brasil vinha enfrentando uma série de problemas diversos, como: "hiperinflação, o aumento no índice de desemprego e a precarização das condições de vida fomentava manifestações de entidades e organizações que, por meio de ações coletivas, buscavam influenciar a consolidação da transição política em curso: queriam que suas vozes fossem ouvidas e suas reivindicações, atendidas" (Souza, 2011, p. 66). É nessa perspectiva que essas ações sociais dialogam com o movimento cultural hip-hop, pois esses deslocamentos já eram praticados por seus adeptos como uma forma de protesto, de resistir para existir.

> paulistana e de diversas cidades brasileiras, o contato com entidades, partidos políticos e movimentos sociais, além da fundação de organizações regionais e nacionais do hip-hop, são experiências que revelam a busca desses sujeitos por transformar concepções de mundo e condições de vida de coletividades oprimidas nos centros urbanos. (Loureiro, 2017, p. 441).

Assim, pode-se dizer que o Brasil criou um espaço propício para a politização desse gênero musical. Tocado nas rádios comunitárias, o gênero operou como um catalisador de "posse" (como Aliança Negra)[24] e de movimentos urbanos (como estação São Bento do metrô, em São Paulo). O grupo de rap paulistano Racionais MC's teve uma produção poética vasta, que começou a reverberar questões sociais emergentes na década de 1990.

> A partir do início dos anos 1990, a excelência da produção musical e poética do grupo Racionais mc's, aliada ao rigoroso discurso de classe e raça e à recusa renitente a deixar-se assimilar pelos esquemas comerciais do mercado da música, configurou um forte paradigma político que passou a nortear a produção, a recepção e a crítica do rap no Brasil (Teperman, 2015, s/p).[25]

Apesar de o rap ter um espaço fértil no Brasil, a conquista desse terreno não se deu de forma autorizada. Visto, muitas vezes, de forma negativa, ele foi ganhando espaço de modo gradual. Para Roberto Camargos de Oliveira (2011), em sua dissertação intitulada: *Música e política: percepções da vida social brasileira no rap*,

> [...] ver o *rap* de modo tão negativo é indício de "lutas de representações", de um descompasso que se instala na maneira como diferentes setores sociais pensam a sociedade [...]. O *rap*, sobretudo aquele não sintonizado com as ideias e valores dominantes, desatou entre os anos 1990 e 2000, e comentários que buscavam desautorizá-lo em todos os sentidos: arte, expressão cultural, postura e comportamento. Entretanto, são leituras que não dão conta do objeto, ainda que sejam difundidas e aceitas. (Oliveira, 2011, p. 2).

---

[24] Foi a primeira posse de *hip-hoppers* da periferia da cidade de São Paulo, localizada no extremo leste, Cohab, Cidade de Tiradentes.

[25] "[...] a condição marginal de uma parcela da população brasileira pode ser reconhecida em muitas produções do rap nacional. Ele ganha força a partir do final dos anos 1980, período que também surge o grupo Racionais MC's, considerado o principal grupo do gênero musical do país" (Sciré, 2019, p. 102).

Para Oliveira (2011, p. 4), as letras de rap podem ser comparadas a documentos que mostram a realidade de uma determinada época, fazendo uma reflexão sobre ela, promovendo remodelamentos de condutas que se transformam em uma história cultural e social. O rap teve sua formação na época em que o Brasil passava por um redirecionamento:

> O país pôs-se a girar mais decisivamente na órbita do capitalismo neoliberal na década de 1990 e, a partir dessa orientação política e ideológica, promoveu a reestruturação da hegemonia burguesa nas esferas sociais como um todo (econômica, política e cultural) (Oliveira, 2011, p. 5).

No prefácio do livro *Sobrevivendo no inferno*,[26] Acauam de Oliveira (2018) mostra que o rap nacional é cantado pelo povo negro que reivindica seu espaço por meio de um discurso contundente, que visa resgatar alguns elementos apagados historicamente.

> A aposta dos Racionais mc's [...] está na construção de uma identidade formada a partir da ruptura com essa tradição conciliatória, por meio de uma firmação de uma comunidade negra que se desvincula de um projeto de nação mestiça concebida até então. Desde o princípio o rap nacional vai se reconhecer enquanto gênero cantado por negros que reivindicam uma tradição cultural negra por meio de um discurso de demarcação de fronteiras étnicas e de classe que denunciam o aspecto de violência e dominação contido no modelo cordial de valorização da mestiçagem: "A fúria negra ressuscita outra vez", como diz Mano Brown em "Capítulo 4, versículo 3" (Oliveira, 2018, p. 25).[27]

Elaine Andrade (1999), no prefácio do livro *Rap e educação, Rap é educação*, organizado por ela, descreve que o movimento hip-hop explodiu em São Paulo, na década de 1990, ganhando protagonismo o rap. Esse

---

[26] "O livro, de 2018, traz a transcrição do álbum homônimo do grupo Racionais MC's, de 1997, acrescido de um longo prefácio de Oliveira. O gradual reconhecimento do valor estético e cultural da obra levou também a um crescente interesse acadêmico, que se faz multiplicar em teses, artigos e dissertações. Mais recentemente, a obra entrou na lista de leituras obrigatórias de um dos mais privilegiados vestibulares do país (UNICAMP/2020). Em 2015, por ocasião da visita do Papa Francisco ao Brasil, o então prefeito de São Paulo ofereceu o disco como presente do município ao sumo pontífice." (Oliveira, 2018, p. 22).

[27] Oliveira (2018) cita que "A atuação do grupo foi decisiva para fazer o rap muito mais que uma simples representação da periferia. Sua radicalidade e sua missão" (afinal, "rap é compromisso", já dizia Sabotage) "ajudaram a desenvolver um espaço discursivo em que os **cidadãos periféricos** pudessem se apropriar de sua própria imagem, construindo para si uma voz que, no limite, mudaria a forma de enxergar e vivenciar a pobreza no Brasil. [...] A radicalidade do rap consiste também em reivindicar a inclusão desse sujeito cuja exclusão é a

movimento tinha um público juvenil engajado politicamente, formado particularmente por sujeitos negros que, ancorados em suas ancestralidades, promoviam movimentos de resistência, apoiando-se em diversas culturas:

> Era a juventude negra que, influenciada por sua ancestralidade, soube dar continuidade a formas simbólicas de resistência. Soube apropriar-se dos recursos advindos de várias culturas negras (como a música), transformando essa modalidade artística em um discurso elaborado e consistente. Foi capaz de reivindicar direitos sociais, apontar dificuldades da vida na pobreza, condenar as práticas de discriminação étnica e, principalmente, arrebatar a "massa" – esse foi e continua sendo o maior mérito da mobilização dos hip hoppers (Andrade, 1999, p. 9).

Souza (2011) expõe que o rap, desde sua chegada ao Brasil, no final de 1980, vem ganhando certa complexidade, tendo em vista sua forma de atribuir sentidos, ver e agir sobre a realidade, com um posicionamento sobretudo político, na medida em que mostra as necessidades e os desejos dos sujeitos periféricos, expondo problemas individuais e coletivos, narrando o cotidiano das periferias. "Essa vertente concentra-se em atividades revestidas de caráter contestatório e propositivo que tematizam, do ponto de vista político, as precárias condições de vida de grande parte da população. Isso significa ser *rapper*." (Souza, 2011, p. 16).

Ainda que originário de comunidades periféricas, o rap vem ganhando espaço no Brasil em todas as camadas sociais, passando por "novas trilhas". Para Nascimento, "Diversificação de estilos, disseminação por todas as classes sociais, renovação das temáticas, são as marcas dos novos ares da 'república dos manos'" (Nascimento, 2014, p. 12).

A função social do rap é narrar acontecimentos, conscientizar, denunciar e propor reflexões que abarcam a realidade dos sujeitos e de suas comunidades, indivíduos majoritariamente negros e moradores de periferia. Esses sujeitos, em muitos contextos, são historicamente excluídos e marginalizados, devido à sua cultura e ao seu *locus* social, seu local de pertencimento. Esse gênero musical usa, em muitas ocasiões, expressões contundentes, que levam o ouvinte a refletir sobre essas múltiplas narrativas, que denunciam a segregação, a opressão, a violência e a exclusão que, muitas vezes, são legitimadas pelo Estado.

No recorte da letra de *Favela Vive 3*, música de autoria coletiva de *rappers* como ADL, Choise, Djonga, Negra Li e outros, vemos um retrato da violência à qual está submetido o corpo negro:

> [...]
> Eu sei, eu sei
> Parece que nós só apanha
> Mas no meu lugar se ponha e suponha que
> No século XXI, a cada 23 minutos morre um jovem negro
> E você é negro que nem eu, pretin, ó
> Não ficaria preocupado? Eu sei bem o que cê pensou daí
> Rezando não tava, deve ser desocupado
> Mas o menor tava voltando do trampo
> Disseram que o tiro só foi precipitado
> [...][28]

Leite (2019), ao analisar a referida canção, observa que ela reflete sobre o genocídio sofrido pela população negra, a partir da construção de um processo empático, dado pelo verso "Mas no meu lugar se ponha e suponha que".

> O *rapper*, aqui, leva seu poder de conscientização não só aquele que como ele é negro, mas convida seu ouvinte (não negro, não jovem, não pobre) a ocupar hipoteticamente seu lugar. O processo de alteridade vai sendo construído pelo poder de fala de alguém que sabe o que é "só apanha", e que é reconhecido pela polícia, quando morto, como aquele que "Rezando não tava", que "deve ser desocupado". E os que estão rezando e ocupados? A estes, se acreditarmos na falácia do discurso policial, o rapper explica: também pode ser reservada a morte, simplesmente porque o "tiro só foi precipitado" (Leite, 2019, p. 84).

Salgado (2015) observa, a esse respeito, que,

---

[28] própria condição de existência do sistema, reconhecendo no dilema do detento e do marginal o destino de toda periferia enquanto avesso da civilização brasileira [...]" (Oliveira, 2018, p. 23, 35, grifos nossos).
Disponível em: https://www.youtube.com/watch?v=avbOUVHr0QI. Acesso em: 29 nov. 2020.

> No plano discursivo, as letras de rap tematizam, em sua esmagadora maioria, o problema da violência e sua representação, ambos diretamente ligados à experiência urbana nas metrópoles brasileiras. [...] as camadas discursivas encontradas nas letras de rap apontam para uma estética do trauma, vez que procuram representar experiências individuais ou coletivas ligadas à violência, quer no plano sistêmico, institucionalizado ou interpessoal. (Salgado, 2015, p. 154).[29]

As canções de rap narram a realidade das periferias brasileiras, não deixando expressões veladas; pelo contrário, as falas poéticas geram inquietação e revolta, de forma que o ouvinte é levado a repensar, desconstruir e compreender as letras que, muitas vezes, soam como um ataque ao sistema opressor, o Estado. Ao mesmo tempo, as letras das músicas carregam informações e denunciam as múltiplas desigualdades sociais. Podemos ver essas questões no início da letra da canção *Fim de semana no parque*, do grupo Racionais MC's, do álbum *Raio X do Brasil*, de 1993:

> 1993, fundidamente voltando, Racionais
> usando e abusando da nossa liberdade de expressão
> Um dos poucos direitos que o jovem negro ainda tem nesse país
> Você está entrando no mundo da informação, autoconhecimento, denúncia e diversão
> Esse é o Raio X do Brasil, seja bem-vindo [...][30]

Outra canção que soa com tonalidade de revolta e denúncia é a canção *Capítulo quatro, versículo três* (a terceira do disco *Sobrevivendo no inferno*, do quarto álbum já publicado), do Grupo Racionais MC's, 1997. A canção fala da porcentagem de jovens da periferia que sofreram violência policial, dos assassinatos e do baixo índice de negros nas universidades brasileiras. O eu lírico narra tal situação como se estivesse apresentando uma matéria de jornal, para cada dado citado o som do piano ecoa com uma sonoridade de tensão e medo. Esse arranjo sonoro impacta os ouvintes e mostra o quão desigual é a sociedade e como os moradores das quebradas, majoritariamente

---

[29] O pesquisador enfatiza, no entanto, que a temática não é exclusiva do *rap*: "lidar esteticamente com a violência não é prerrogativa do rap, e sim tendência verificada também na literatura e no cinema. É imensa a quantidade de produtos culturais feitos no Brasil desde finais do século XX que, a partir de uma perspectiva mimética de tipo realista, 'tematizam e dramatizam a espessura do espaço urbano, ou seja, as formas de violência que se manifestam nas cidades e as modalidades com que o fenômeno é representado.' (GOMES, 2012, p. 76). A violência, portanto, não deve ser lida aqui como causa, e sim como sintoma. Sua presença no discurso poético de um gênero como o rap reflete 'a reiterada presença do ato violento nos discursos sociais' (GOMES, 2012, p. 74)." (Salgado, 2015, p. 154).
[30] Disponível em: https://www.youtube.com/watch?v=37uL-WfTBx0. Acesso em: 29 nov. 2020.

negros, são tratados pelo poder estatal, num processo vigente de segregação e exclusão desses sujeitos.

> 60% dos jovens de periferia sem antecedentes criminais já sofreram violência policial
> A cada 4 pessoas mortas pela polícia, 3 são negras
> Nas universidades brasileiras apenas 2% dos alunos são negros
> A cada 4 horas, um jovem negro morre violentamente em São Paulo
> Aqui quem fala é Primo Preto, mais um sobrevivente
> [...]

Nascimento (2014) infere que a sonoridade desordenada, com a verborragia das rimas, é fundamental para expor a inquietude provocada pelo ambiente urbanizado, capitalista, apoiado na economia moderna.

> O barulho de sirenes e a agitação do trânsito compõem o fundo musical de uma narrativa preocupada em explorar as dimensões de sentido da experiência urbana contemporânea. A realidade urbana contemporânea não pode ser compreendida sem uma análise do desenvolvimento global do capitalismo e o triunfo da economia moderna [...] (Nascimento, 2014, p. 110).

O grupo de rap Facção Central, na letra de *A paz está morta*, de 2001, do álbum *A Marcha Fúnebre que Prossegue*, começa narrando a realidade de locais urbanizados, expondo, também, tipos de violências que perpassam esses espaços e estão presentes na vida de sujeitos periféricos:

> Ontem à noite ouvi os tiros, sirene de polícia
> Amanhece a rotina, me traz outra carnificina
> Em lágrima de mãe, filho ensanguentado
> Um bar em cada esquina, sempre caixão lacrado
> Não vejo mais crianças felizes brincando no parque
> Agora estão com ódio no peito, com uma 12 ou fumando crack
> Invadindo as mansões, proporcionando o terror
> A luz no fim do túnel infelizmente aqui se apagou
> A paz tá morta, desfigurada no IML
> Sangue no chão, revólver na mão
> A marcha fúnebre aqui prossegue (2x)

> O muleque de dez anos segura o seu fuzil
> Futuro soldado metralhado no chão da injusta guerra civil
> Embaixo do viaduto, numa caixa de papelão
> Uma família dorme no frio, comeu resto achado no chão
> Aqui não existe formatura, só vejo pulso algemado
> Corpo decapitado no mato, futuro desperdiçado
> Carbonizaram nossa paz, mataram a esperança
> Só deixam como herança uma Glock pra criança
> A paz tá morta, desfigurada no IML
> Sangue no chão, revólver na mão
> A marcha fúnebre aqui prossegue (2x)[31]

Na letra supra, fica explícito que a violência é parte do cotidiano em espaços urbanizados, precisamente em regiões periféricas, onde jovens entram na criminalidade de forma precoce e morrem devido a uma espécie de guerra civil. Os versos relatam, de forma indireta, a falta de políticas públicas para a população em estado de vulnerabilidade social. Na canção, o grande responsável pela violência ("carnificina") é o Estado, representado por seu mais importante aparelho repressivo, a polícia. Ao contrário das canções citadas até agora, essa não faz uso da oralidade característica do rap, parecendo mais um tipo de hino gospel.

Louis Althusser (1985), em *Ideologia e aparelhos ideológicos do Estado*, mostra como se organizam as sociedades em torno de uma ideologia dominante, alinhada às elites e amparada por aparelhos ideológicos e pelo Estado, a partir da ação de seus aparelhos repressivos:

> [...] o aparelho de Estado compreende: O Governo, o Exército, a Polícia, os Tribunais e as prisões, etc., que constituem aquilo a que chamaremos a partir de agora o Aparelho Repressivo de Estado. Repressivo indica que o aparelho de Estado em questão "funciona pela violência", - pelo menos no limite (porque a repressão, por exemplo administrativa, pode revestir formas não físicas). Designamos por Aparelhos Ideológicos de Estado um certo número de realidades que se apresentam ao observador imediato sob a forma de instituições distintas e especializadas [...] (Althusser, 1985, p. 42-43).

Béthune, citado por Salgado (2015), observa, a propósito das vozes urbanas do rap, que

---

[31] Disponível em: https://www.youtube.com/watch?v=1Hgb4muxcck. Acesso em: 29 nov. 2020.

> [...] o uivo das sirenes, o estalo dos tiros, o estrondo das cenas de interpelação com suas vociferações, suas cavalgadas, suas cantadas de pneu – em suma, todo o leque de superposições sonoras (layering) tornados possíveis graças à tecnologia e a partir das quais não é tão óbvio separar o real do simulado – imergindo seus propósitos em um hiper-realismo cuja expressão confere ao mundo exterior uma consistência palpável (Béthune, 2003, p. 58 *apud* Salgado, 2015, p. 155).

Em meio à inserção dessas vozes urbanas, o rap produz sua estética particular, valendo-se, ainda, da incorporação de outros sons, por meio dos processos de *samples*[32] e de recortes de canções já existentes.

> A partir da recombinação de materiais pré-existentes – registros sonoros dos mais diversos tempos e espaços que, deslocados de seus contextos originais, funcionam como matéria-prima para novas criações sonoras – o rap encena, no plano estético, uma forma moderna de poética da recombinação, "inscrevendo-se no movimento de um processo de reprodução *en abyme*, que, pela prática da telescopagem histórica, do deslocamento simbólico e da trituração sonora, abala a autoridade dos modelos tomados em empréstimo" (Béthune, 2003, p. 10). (Salgado, 2015, p. 152).

Leite (2019) resume bem a proposta do rap, ao dizer que ele se constitui "como uma arte manifestamente política", que expressa as vozes de pessoas silenciadas e submetidas à opressão, "que leva a um público maior uma perspectiva mais concreta e crítica da realidade vivida pelas pessoas marginalizadas", sendo o gênero musical fundamental "em tempos de intolerância e de negação da opressão" (Leite, 2019, p. 23-24).

Ao discursar sobre negação e opressão, remete-se a um conjunto de práticas segregatórias que, em um passado não tão distante, excluía os negros, negando-lhes a educação. Ana Lúcia Silva Souza (2011), em sua obra *Letramentos de Reexistência: poesia, grafite, música, dança e hip-hop*, mostra que o direito à educação sempre foi negado aos negros, mesmo após sua "libertação", reafirmando o racismo e a segregação, fatos que culminam diretamente nas desigualdades sociais. O escritor Silvio Almeida (2020), em sua obra *Racismo estrutural*, faz um panorama de como algumas normas jurídicas da década de 1960, nos Estados Unidos, organizavam a segregação entre negros e brancos, reafirmando o racismo e as desigualdades sociais.

---

[32] A expressão "sample" diz respeito a um processo que consiste em repetir partes de uma música preexistente em uma nova música. É uma técnica muito recorrente na indústria musical, especialmente na música eletrônica e no hip-hop.

As obras de Souza (2011) e Almeida (2020) dialogam entre si, permitindo construir uma linearidade de intelecção de como o racismo foi e é tão desumano e impiedoso.

Souza (2011) observa que a educação poderia ser gatilho para os negros se rebelarem, promovendo subversões e insurgências. Dessa forma, a educação sempre foi negada e relegada para esses povos.

> Em relação à inserção na escola, os recém-libertos conheceram, ao mesmo tempo, tanto os discursos favoráveis à sua educação – como forma de inclusão na sociedade de classes que nascia -, como também os contrários ao acesso. Nas memórias, as humilhações e rejeições apareceram como talvez os mais significativos componentes cerceadores da inserção e permanência na escola. [...] havia receios em aceitar matrículas de crianças negras, dado o medo de que as famílias brancas se recusassem a manter seus filhos nas instituições, receosas da proximidade com sujeitos socialmente abjetos. Na sociedade, bem como na escola, a presença do corpo negro e de seus valores civilizatórios, suas culturas e crenças não aceitos ainda impelia um posicionamento tão temeroso quanto antes da abolição da escravatura (Souza, 2011, p. 39).

Almeida (2020) relata que existia, nos Estados Unidos, um agrupamento de preceitos normativos que segregava veemente os negros, deixando-os sempre em uma posição de subordinação e humilhação.

> Já nos Estados Unidos, até 1963, a segregação racial era oficialmente organizada pelas apelidadas Leis Jim Crow, um conjunto de normas jurídicas que estabelecia a separação entre negros e brancos no uso de bens e serviços públicos, como escolas, parques e hospitais, além de permitir que proprietários de estabelecimentos privados proibissem a entrada de pessoas negras (Almeida, 2020, p. 141).

Dessa maneira, observa-se que os sujeitos periféricos que são englobados nas minorias sociais sempre sofreram com segregações e humilhações, como protagonistas de uma história marcada por exclusões e negação à efetivação dos direitos fundamentais. Daí a importância de os movimentos minoritários se unirem e se fortificarem para buscar a efetivação dos seus direitos que, mesmo hoje, previstos na Constituição, não são efetivados em sua grande maioria, deixando esses grupos condicionados à marginalidade.

3
PERIFERIA: SUJEITOS PERIFÉRICOS E MINORIAS

Ó meu corpo, faz sempre de mim um
Homem que questiona.

(Frantz Fanon)

Ao pensarmos em periferia, é importante compreendermos esse conceito de uma forma histórica, não deixando de contextualizar e relacionar a palavra com outra, centro. Para Heli Oliveira e Elaine Oliveira (2019), no artigo *Juventudes, periferias e o debate teórico acerca dessa temática no campo da educação*, considerando os espaços urbanos, a consulta da palavra "centro", no dicionário, remete

> [...] à ideia de área movimentada, marcada pela presença de diversificados tipos de comércios e prestações de serviços, o termo "nobre" designa áreas residenciais marcadas por ruas e avenidas largas e arborizadas, com presenças de moradias suntuosas e por refinadas empresas prestadoras de serviços. (Oliveira; Oliveira, 2019, p. 43).

Pensando nessa perspectiva, o termo periferia faz referência ao local que está longe do centro, um lugar que está à margem e distante da centralidade, carente de múltiplos recursos, até mesmo os básicos, como são, por exemplo, as favelas. Ainda que estejam localizadas em áreas nobres das cidades, como acontece no Rio de Janeiro, com comunidades como Pavão, Pavãozinho, Babilônia, Morro Dona Marta etc., essas favelas estão apartadas, de fato, da vida pública da cidade, deslocadas de seu centro de poder. Nesse caso, são regiões periféricas que lembram os quilombos.

Andrelino Campos (professor da Uerj) observa que a

> [...] favela é um espaço excluído, assim como eram os quilombos, vítima de uma forte repressão do estado, que trata as comunidades como "espaços criminalizados" onde todos são suspeitos até que se prove o contrário. (Do Quilombo, 2008, s/p).

Assim, há, na perspectiva de Campos, uma segregação socioespacial que é parte visível do estigma da discriminação e do preconceito contra a população das favelas, que, em sua maioria, é constituída de pretos e pardos.

Essa aproximação histórica entre quilombos e favelas se converge em muitos momentos, seja pela carência de múltiplos recursos, seja pela exclusão que esses sujeitos vivenciam cotidianamente, além da criminalização do espaço por meio de agentes do Estado. O Estado visualiza esses espaços não como um "problema social" que precisa ser enfrentado com políticas públicas de inserção social e de promoção de direitos; pelo contrário, essas questões são invisibilizadas e, muitas vezes, não são debatidas, promovendo o esquecimento desses locais e das pessoas que ali residem. No entanto, o Estado promove uma atenção especial para esses locais, por meio da ação da força estatal, a força policial que, em muitos momentos, é responsável por ações impetuosas, como vemos com frequência nas letras de rap.

> Dizem que quando seus amigos morrem
> Viram estrelas (sobem)
> Peça que olhem (ore), nunca ignorem
> Oro calado e os guardo em olhares marinados
> Onde pupila são barcos desnorteados
> Massa no ar, cápsulas no chão
> Cães fitam, mães gritam, não (meu filho, não!)
> É o corpo na vala, a bala vem de quem te deve proteção
> Fria, e a corregedoria lava as mãos
> Corta, close no arregaço
> Uma cadeira vazia, família faltando um pedaço
> Dói no estômago, tipo azia
> No âmago o espaço daquela piada que ele sempre fazia
> Esses meninos são sangue, medo e pele
> Onde viaturas são abre alas do IML
> É, eu nem choro mais, pois bem
> Não sei dizer se eu fiquei mais forte ou se eu morri também

[...]³³

Na letra *Canção pros meus amigos mortos*, do *rapper* Emicida, do álbum *Doozicabraba e a Revolução Silenciosa*, de 2011, a situação descrita é bastante compreensível: a entrada da polícia em espaços periféricos é indicativo de violência e morte,³⁶ de jovens principalmente, resultando no choro de mães e em famílias enlutadas, enquanto isso, não há nenhuma ação disciplinar ou investigativa em relação às ações policiais.

Podemos observar essa aproximação feita por Andrelino Campos (2013) em seu artigo *Quilombos, favelas e os modelos de ocupação dos subúrbios: algumas reflexões sobre a expansão urbanas sob a ótica dos grupos segregados*, no qual observa a semelhança de tratamento dado a quilombos, favelas e modelos de ocupação dos subúrbios:

> Em larga medida, discutir favelas é falar também de preconceitos e discriminação que parte dos moradores de grandes centros urbanos tem com relação ao lugar e aos seus habitantes. [...] ficam evidentes tais procedimentos, pois desde sua origem, se pensar em um processo, os lugares ocupados pelos mais pobres recebem pouca atenção do poder público no que se refere ao tamanho dos problemas sociais. Entretanto, como no passado, em sua versão anterior à República: o quilombo, as favelas recebem uma atenção especial do aparelho policial, tendo em vista que favelas e favelados são considerados como um caso de polícia, mas não como um problema da sociedade (Campos, 2013, s/p).

A organização dos grupos historicamente escravizados se deu por meio de resistência, sobretudo com disposições espaciais, políticas e econômicas, de uma forma bem peculiar e estratégica, como se deu em quilombos. Essa organização resgatava a historicidade, a cultura e os modos de viver de indivíduos que foram prisioneiros de uma elite agrária; entretanto, esses grupos foram criminalizados, simplesmente, por buscarem sua liberdade e perpetuarem suas raízes culturais (Campos, 2013, s/p). Os quilombos podem

---

³³ Disponível em: https://www.youtube.com/watch?v=dI-M-EMcbdQ. Acesso em: 30 nov. 2020. ³⁶ Dessa maneira, podemos citar alguns eventos sangrentos que ocorreram de forma impiedosa, promovendo o extermínio de sujeitos negros e periféricos. **(1)** julho de 1993 – **Chacina da Candelária**, resultando na morte de oito jovens, com idade entre 11 e 19 anos. **(2)** agosto de 1993 – **Chacina do Vigário Geral**, com 21 pessoas executadas. **(3)** março de 2005 – **Chacina da Baixada Fluminense**, sucedendo em 30 mortes. **(4)** maio de 2021 – **Chacina do Jacarezinho**, contabilizando 28 mortes. Todas as ações foram praticadas pelo Estado, sendo realizadas pela polícia. Disponível em: https://www.terra.com.br/noticias/infograficos/chacinasbrasil/chacinas-brasil-09.htm; https://brasil.elpais.com/brasil/2021-05-07/maioria-dos-mortos-na-chacina-dojacarezinho-nao-era-suspeita-em-investigacao-que-motivou-a-acao-policial.html. Acesso em: 9 maio 2021. Grifos nossos.

ser descritos como organizações de lutas e de resistência, que mesclam múltiplas relações organizacionais, que são visualizadas sobre novas óticas.

Na letra da canção de rap *Antigamente quilombo, hoje periferia*, do álbum *Z'África*

Brasil, de 2002, do grupo Z'África Brasil, ficam evidentes as tentativas forçadas de deslegitimar a cultura desses locais. O grupo faz uma aproximação transatlântica entre África e Brasil. A letra da canção carrega um teor de revolta e denúncia, fazendo relação direta entre quilombo e periferia:

> A que sentido flores prometeram um mundo novo? **Favela viela morro tem de tudo um pouco, Tentam alterar o DNA da maioria.**
> **Rei Zumbi! Antigamente Quilombos Hoje Periferia!**
> **Levante as caravelas aqui não daremos tréguas não, não**
> **Então que venha a guerra**
> Zulu Z'Africa Zumbi aqui não daremos tréguas não, não
> Então que venha a guerra
> **Sempre a mil aqui Z'Africa Brasil**
> **Pra quem fingiu que não viu a cultura resistiu**
> Num faroeste de caboclos revolucionários
> É o Z Zumbi que Zumbazido Zuabido Zumbizado
> A lei da rua quem faz é você no proceder
> Querer é poder, atitude é viver
> Hoje centuplicarei o meu valor
> Eliminando a dor que afeta o meu interior
> Querem nos destruir, mas não vão conseguir
> Se aumentam a dosagem, mas iremos resistir
> Evoluir não se iludir com inimigo
> Que transforma cidadão em bandido, perito em latrocínio. Os hereditários sempre tiveram seus planos
> Ao lado de um par de dólar furado e falso e se encantam
> É cadeira de balanço ou é cadeira elétrica
> **Gatilhos tiros na favela e o sangue escorre na viela**
> **Um dia sonhei que um campinho da quebrada era uma fábrica da Taurus**
> **Ainda bem que era um sonho e aí fiquei um pouco aliviado**
> **Mas algo em meu pensamento dizia pra mim**

> **Porra! Se na periferia ninguém fabrica arma quem abastece isso aqui?**
>
> O sistema não está do lado da maioria
>
> Já estive por aqui sei lá quantas vidas e continua a covardia, Esquenta não, somos madeira que cupim não rói, a gente supera todas as drogas e as armas que estão aqui
>
> devolveremos em guerra
>
> [...]
>
> **Zumbi, o redentor, agora o jogo virou, quilombos guerreou, periferia acordou**
>
> **Cansamos de promessas, volta pro mato capitão pois já estamos em guerra!!**
>
> [...]
>
> Sugam da terra injetam no próprio homem
>
> Alteram a natureza, Óleo no mar, fogo no monge Jardins do éden, as flores têm cheiro de morte
>
> Olhe o seu próprio COQUETEL MOLOTOV![34]

Após 136 anos da assinatura da Lei Áurea, ainda temos as comunidades quilombolas, que são espaços nos quais sujeitos vivenciam sua cultura de forma livre, servindo como refúgio. Esses espaços estão mais afastados do centro das cidades e das indústrias. Essas organizações ainda perpetuam e vivenciam a ancestralidade, os costumes, os saberes, os dialetos e a cultura africana que, por muito tempo, foi perseguida e demonizada no Brasil. Sendo assim, podemos inferir que esses grupos quilombolas lutam diariamente para a manutenção de sua sobrevivência e da sua cultura, numa diáspora africana em terras brasileiras, mantendo aspectos culturais e identitários desses povos. Carril (2006) observa, nesse sentido, que

> [...] os quilombos não se restringem ao período escravista. Vários agrupamentos de população negra foram identificados em distintas regiões brasileiras, sobretudo em lugares mais afastados dos centros urbanos e das regiões industrializadas do país, como lugares de refúgio. Muitos deles guardavam saberes tradicionais, manifestações culturais próprias como dialetos e relação específica com a natureza, bem como respeito a valores da ancestralidade pertinente à formação do grupo (Carril, 2006, p. 165).

---

[34] Disponível em: https://www.youtube.com/watch?v=rmus6IQE57c. Acesso em: 30 nov. 2020. Grifos nossos.

As periferias urbanas brasileiras[35] são compostas majoritariamente por uma camada social que luta diariamente pela manutenção de sua sobrevivência. Trata-se de sujeitos que sobrevivem nesses espaços e enfrentam diariamente problemas relacionados a falta adequada de moradia, saneamento básico, educação pública, transporte, lazer e atendimento de saúde (Oliveira; Oliveira, 2019, p. 41). As periferias do país enfrentam diariamente diversos problemas, principalmente os relacionados à falta de políticas públicas, que exclui esses sujeitos da possibilidade de viverem de forma digna, condicionando-os a uma vida precária.

> Fonte de estigma, de segregação e preconceito, a expressão "periferia" nos remete a assassinatos, tráfico de drogas, violência doméstica; e, por outro lado, à ideia da falta e de carência, como moradias inacabadas e/ou em área de risco, ausência de infraestrutura – ausência saneamento básico, arruamento irregular, problema de segurança alimentar e nutricional (Oliveira, 2017). Tanto em uma quanto em outra imagem o termo periferia está carregado de fobias e de preconceitos. (Oliveira; Oliveira, 2019, p. 42).

As intervenções/ações urbanas cometidas pelo Estado no último triênio do século XIX promoveram desocupações de espaços que eram habitados por imigrantes e ex-escravizados, pessoas empobrecidas em sua totalidade. Essas desocupações ocorreram em várias regiões do Brasil. Todavia, foi no início do século XX que essa ação se expressou de forma mais potente, deixando importantes registros socioespaciais. Por causa da urbanização, pessoas com menor poder aquisitivo tiveram que desocupar as áreas centrais (que estavam "degradadas") e, sem outras opções, foram alojar-se em áreas próximas aos trilhos ferroviários e favelas. Tal ação representou, de forma pontual, a periferização por causa dos deslocamentos compulsórios (Campos, 2006, p. 240).

Os meios de comunicação, inclusive as mídias televisivas, só dão visibilidade às periferias quando acontecem eventos relacionados à violência, omitindo, muitas vezes, que naqueles espaços existe uma produção cultural

---

[35] Quando nos referirmos, neste trabalho, ao termo periferia, estamos, pois, considerando todos os espaços sociais apartados do centro do poder decisório, como favelas e comunidades urbanas. Oliveira e Oliveira (2019) lembram que "A palavra margem e a palavra subúrbio, termos evidenciados pelo dicionário [quando consultada a palavra periferia], remetem-nos, respectivamente, às palavras marginais e suburbanos, ambas usadas, não raro, de forma pejorativa para designar posições de sujeitos (especialmente jovens negros) que residem em áreas periféricas dos espaços urbanos." (Oliveira; Oliveira, 2019, p. 43).

vasta e plural, que é negada e invisibilizada pelas classes dominantes. Takeuti pontua que, em relação à periferia e ao que dela é divulgado, é importante

> [...] ressaltar aspectos inventivos de vitalidade social que alcançam visibilidade, em nada insignificante, na sociedade brasileira, mesmo quando, ainda, amplas parcelas sociais dos diferentes segmentos dela (a mídia impressa e televisiva, por exemplo) só preferiam alardear o "avesso da periferia" (Takeuti, 2010, p. 14-15).

No trecho a seguir da letra da canção *Na fé irmão*, do álbum *Nada como um dia após o outro dia*, de 2002, dos Racionais MC's, fica evidente a crítica direta sobre a mídia televisiva e a impressa. Observamos uma oposição em relação à Rede Globo de televisão e à revista *Veja*, lidas como represente do mal.

> [...]
> Voltei to firmão, então, daquele jeito
> Eu não sou santo, eu tenho meus defeitos
> Meu homicídio é diferente (é quente)
> Eu sou bem, já citei: mato o mal pela frente
> Pois o mal te oferece entregar no céu numa bandeja
> Depois te escracha na capa da revista veja, ou seja,
> Anuncio o fim da Guerra Fria
> Na política, na Globo: em que você confia?
> [...][36]

Uma letra de rap que desvela o trabalho dos meios de comunicação em evidenciar a periferia de uma forma negativa é *Olha o Menino*, de Negra Li e Heilão, do álbum *Guerreiro, Guerreira*, de 2005:

> [...]
> Olha o menino resolvendo
> Bate de frente a repressão
> Olha o ministro cadê a educação
> Olha o menino no jornal televisão
> No jornal televisão

---

[36] Disponível em: https://www.youtube.com/watch?v=xvSmpIZpOqM. Acesso em: 30 nov. 2020.

> Vejo a televisão
> Eu sou um cidadão
> Faça a reflexão
> Não acho sério não
> Menino não tem culpa não
> Político ladrão "dinheiro não é problema é solução"
> Cadê então?
> E quem te viu quem te vê, doidão
> O que era cinco agora é dez é inflação
> O valor é cifrão
> Por favor preste atenção
> Aqui é Helião
> Tamo no mesmo barco na mesma situação
> Sou malucão a minha eu faço
> E não tô por acaso
> [...][37]

Na letra, também vemos uma crítica à parte do setor político, qualificado de "políticos ladrão", como uma denúncia em relação à vida marginalizada e delinquente do menino periférico, sugerindo que o menino está na situação de criminalidade por falta de políticas públicas, principalmente ligadas à educação. Pensar em educação é pensar em libertação social e construção de uma autonomia que não é delegada, mas construída com criticidade e autonomia.

Na canção *Periferia é periferia (em qualquer lugar)*, do álbum *Sobrevivendo no inferno*, de 1997, do grupo Racionais MC's, enfatizam-se cenas de violência que acontecem nesses espaços:

> Esse lugar é um pesadelo periférico
> [...]
> Ninguém vê sair, ninguém escuta chegar
> O trabalho ocupa todo o seu tempo
> Hora extra é necessário pro alimento
> Uns reais a mais no salário
> Esmola de patrão, cuzão milionário
> [...]

---

[37] Disponível em: https://www.youtube.com/watch?v=GqT9BPWQBAQ. Acesso em: 30 nov. 2020.

> Aqui a visão já não é tão bela
> Não existe outro lugar – Periferia, gente pobre
> [...]
> Não existe outro lugar – Periferia é periferia!
> [...]
> Outro maluco disse que ainda é embaçado
> Quem não morreu, tá preso sossegado
> [...]
> "Mano, que treta, mano! Mó treta, você viu?
> Roubaram o dinheiro daquele tio!"
> Que se esforça sol a sol, sem descansar
> Nossa Senhora o ilumine, nada vai faltar
> É uma pena, um mês inteiro de trabalho
> Jogado tudo dentro de um cachimbo, caralho
> O ódio toma conta de um trabalhador
> Escravo urbano, um simples nordestino
> [...]
> Muita pobreza, estoura a violência
> Nossa raça está morrendo mais cedo – Verdade seja dita
> [...]
> Periferia é periferia!
> Aqui meu irmão é cada um por si!
> Periferia é periferia!
> Molecada sem futuro eu já consigo ver!
> Periferia é periferia! Aliados drogados!
> Periferia é periferia!
> Em qualquer lugar, gente pobre
> [...][38]

Ao dizerem que "periferia é periferia", entende-se que em qualquer lugar periférico as coisas são da mesma forma, há as mesmas demandas e os mesmos problemas. Souza (2011) observa que "[...] pelo hip-hop, periferia é periferia em qualquer lugar, espelha que quem está mais sujeito a essas coerções sociais é a juventude" (Souza, 2011, p. 30). No entanto, não podemos observar esses espaços como meros lugares de produção de

---

[38] Disponível em: https://www.youtube.com/watch?v=vfbujF5sXOM. Acesso em: 30 nov. 2020.

violência e mazelas, ainda que saibamos que esses fatos existem e povoam as canções de rap, como vemos na letra da música.

As canções de rap atuam de forma a descortinar algumas mazelas presentes nas comunidades, como "pobreza, racismo, discriminação" (Souza, 2011, p. 30). Sendo assim, o movimento hip-hop é contundente em "mandar sua visão", pois essa cinesia aponta que

> Ser da periferia significa encarar discriminação social e racial, não ter acesso a bens públicos de qualidade, ver os "irmãos" morrendo ou sendo presos, viver a realidade do desemprego, das drogas e da violência. Além disso é explicita a importância da família para se sustentar diante das adversidades e, ao mesmo tempo, buscar saídas (Souza, 2011, p. 30).

Por isso interpretar esses espaços se faz necessário, compreendendo a organização urbana em sua plenitude, não apenas por uma ótica, é preciso enxergar de uma forma pluriversal. Ao mesmo tempo, podemos observar que as produções culturais desses espaços apontam para uma série de lacunas e denúncias quanto à negação dos direitos fundamentais que esses sujeitos sofrem diariamente.

Não podemos, pois, generalizar as periferias como locais de apenas mazelas sociais; devemos compreender que ali existem saberes, múltiplas relações de cooperação, arte e cultura. Com base nos estudos de Takeuti (2010), observamos mudanças significativas nos espaços urbanos brasileiros. A periferia ainda carrega uma visão cristalizada e estereotipada de lugar que produz "sujeira social", como tráfico, abandono, violação de direitos, delitos e múltiplas violências, mas esses conceitos engessados estão sendo desconstruídos e revistos. Os espaços periféricos vêm ganhando notoriedade devido às múltiplas produções (artísticas, culturais, intelectuais e esportivas) que, muitas vezes, chegam em outros espaços, transcendendo as fronteiras. O termo periferia, que até então era depreciativo, começou a se ressignificar, a partir das perspectivas culturais desses espaços.

> [...] se, antes, a "periferia" era visível apenas como o lugar da infâmia (violências diversas, crimes, tráfico de drogas...), ela passou a expor também um cenário em que se disseminam inventividades artísticos literários-culturais-esportivos com produções que chegam a escoar para fora dela. Dir-se-ia que se trata de uma expressão de múltiplas singularidades em conexão, realizando movimentos em proliferação que efeti-

> vam ultrapassagens de fronteiras. [...] A arte popular parece produzir desdobramentos peculiares na subjetividade de seus habitantes, os quais passam a ter outras posturas diante das infindáveis dificuldades e dilemas produzidos pela insistente condição de pobreza e miséria. (Takeuti, 2010, p. 14).

O gênero musical rap, antes de tudo, é um uma narrativa poética musical política e, nessa perspectiva, as canções não só expõem o lado infesto e infeccioso desses lugares, mas também narram o lado positivo e suas potencialidades. Giordano Bertelli (2017), em introdução ao livro *Vozes à margem: periferias, estética e política*, destaca que tem havido uma

> [...] desconstrução das leituras de periferia pautadas, analiticamente, pela negatividade descritiva e, politicamente, pelo intervencionismo centrista, propondo uma abordagem do *rap* que permita expor e discutir a *positividade* do potencial político presente na dinâmica e nas experiências das periferias [...] (Bertelli, 2017, p. 16).

É possível pensar como essas narrativas poéticas ritmadas e rimadas constroem e desconstroem muitos conceitos que estão preestabelecidos em uma sociedade que ainda não é sensível às culturas de massa e popular, como o rap, que dialoga com as duas culturas de forma direta.[39]

A classe dominante direciona e reafirma o preconceito de que todos os moradores de periferia são indivíduos de alta periculosidade. Podemos observar isso na letra da música *É o crime*, de 2004, do álbum *Tarja Preta*, de Gog. O *rapper* relata que seu crime é representar as quebradas do Brasil, buscando melhores condições de vida para os moradores das favelas. Ao mesmo tempo, Gog diz que valoriza a postura de quem suporta a vida dura:

> [...]
> É o Crime, ser consciente na voz arrogante
> [...]
> Do rap, dos guetos, dos pretos que promovem
> Dou mó valor na questão da postura

---

[39] Entendemos a cultura popular como aquela que emana do povo, que diz respeito a seus saberes e costumes, enquanto a cultura de massa pode ser compreendida como aquela que interessa a questões mercadológicas: "[...] o mais correto é considerar a **cultura popular** como um conjunto de 'maneiras de viver com' esta dominação, ou mais ainda, como um modo de resistência sistemática à dominação. A **cultura de massa** segue normas capitalistas, na qual a criação é submetida à técnica e à burocracia e busca atingir o maior público possível [...] através da produção de CD, da execução dessas obras no rádio." (Fernandes, 2010, s/p, grifos nossos).

> [...]
> Dou mó valor pra quem suporta vida dura
> [...]
> Reprisam rap nacional constantemente
> Na frente, minhas regras meus conceitos sobre a paz
> Ranjam os dentes, masoquistas intelectuais
> [...]
> Buscar sabedoria no poema fortalece
> [...]
> Rezo a prece, que leva o coração já quase morto
> Alegria e alguns momentos de puro conforto
> [...]
> Prego sem medo no alto pensamento
> Que reflete o imenso poder das palavras
> Que pra burguesia são malditas e macabras
> Brutalidade é o pior do Supercine
> Representa as quebradas do Brasil esse é meu crime
> [...]
> Então reflita, sobre seus conceitos Então reflita, sobre seus direitos.
> Então reflita, vem jogar no nosso time
> [...][40]

Em outros tempos, os sujeitos moradores das periferias não gostavam de ser designados como "sujeitos periféricos". Entretanto, hoje, esse território ganha uma nova dimensão e um remodelamento estético e político, visto que muitos se sentem pertencentes a esses espaços e tentam disseminar a arte, a intelectualidade e a cultura que ali são produzidas. Ressignificando o que é ser sujeito em uma periferia, esses indivíduos vão compreendendo seu papel social e político dentro desses espaços, fazendo valer sua cidadania. E o rap e a cultura hip-hop estão intimamente ligados a essa nova forma de compreensão, conforme aponta Takeuti:

> Em lugar de empunharem armas, vociferam seus cantos e poemas (o rap); rompem espaços urbanos apenas com seus corpos em danças rompantes (o break, o street dance); pintam muros ou paredes de edificações urbanas (o grafite);

---

[40] Disponível em: https://www.youtube.com/watch?v=hl779O-bBJQ. Acesso em: 30 nov. 2020.

> escrevem e publicam contos, poemas, romances e histórias de vida de "gente da periferia" e suas denúncias sociais (a literatura periférica) e; se organizam em pequenos núcleos de confabulação (a posse) para reinventar uma nova forma de resistir e, consequentemente, de viver numa sociedade em que perduram relações violentas de desigualdade social. (Takeuti, 2010, p. 15).

Assim, Takeuti (2010) avalia que, por meio da inserção dos jovens no movimento hip-hop, haveria uma readequação do conceito de periferia que, ainda que seja uma condição geográfica, passa a ser entendido também como "um sentimento de pertencimento" (Takeuti, 2010, p. 15).

Para D'Andrea[41] (2013, p. 20), essa nova modulagem constrói um dado orgulho periférico,[42] que se desenvolveu pelo nascimento de um fenômeno político chamado de "lulismo", relacionado à hegemonia exercida por um partido popular que tinha como pauta lutas populares e à emergência de um presidente empobrecido, operário e nordestino. Essa construção política do sujeito periférico alia-se a um discurso, portanto, de defesa dos direitos dos empobrecidos e periféricos, ajudando construir o "lulismo" como um fenômeno social e político:

> [...] no momento em que a população periférica passa de uma leitura estigmatizante de si próprio a um colocar-se no mundo de maneira afirmativa, criou-se uma situação social que ajudava a fomentar ao mesmo tempo em que dialogava com o fenômeno social chamado *lulismo*. Se Mano Brown passou toda sua carreira artística incentivando jovens da periferia a agirem e acreditarem no seu próprio potencial, não nos esqueçamos que Lula afirmou em seu discurso na Avenida

---

[41] Ao longo do presente estudo, o termo "sujeito periférico" é trabalhado em diferentes perspectivas, de forma didática e pedagógica. D'Andrea (2013) trabalha com esse termo, que pode ser estudado e compreendido em sua tese de doutorado. (Recomenda-se a leitura da tese na íntegra, pois o estudo agrega de forma significativa a compreensão da expressão em uma perspectiva sociológica, que dialoga diretamente com outras áreas do conhecimento, inclusive, no campo educacional, sendo um importante referencial teórico para as reflexões aqui apresentadas.)

[42] O orgulho periférico e das raízes ancestrais começou a ganhar força nos Estados Unidos, no final da década de 1960 e no início da 1970. O movimento hip-hop é precursor desse dado orgulho ancestral. Segundo Souza, "posteriormente surge o movimento **Black-Power**, com relevante papel para a disseminação de uma relevância política baseada em referências africanas negras que inauguram o *slogan Black is Beautiful*, exaltando posturas e atitudes que pudessem elevar o autorrespeito e o **orgulho de ser preto**. As ideias que começaram a ser propagadas nos EUA ganham **expressão na cultura musical, na estética das roupas e, em especial, nos cabelos – coloridos, crespos, levantados, enrolados -, mostrando como as proposições circulavam, e ainda circulam, extrapolando fronteiras e ganhando recriações relacionadas às culturas locais.**" (Souza, 2011, p. 62, grifos nossos).

Paulista, quando havia ganhado as eleições presidenciais de 2002, que: "nunca duvide da força da classe trabalhadora brasileira" (D'Andrea, 2011, p. 110-111).

Dessa maneira, houve um crescimento da importância dos moradores dos bairros populares. Conforme Loureiro (2017, p. 422), "ainda que o início do ativismo de rappers tenha refletido lutas anteriores e o próprio apoio ao Partido dos Trabalhadores (PT) –, também se inseria num terreno de refluxo das mobilizações populares na periferia". Ser sujeito periférico é uma construção social, muitas vezes subjetiva, que se dá de forma constante, é passível de mudanças e só "ocorre quando essa subjetividade é utilizada politicamente, com organizações coletivas e ações públicas" (D'Andrea, 2013, p. 15). Por esse viés, a consciência periférica é afirmativa e se constrói nos espaços periféricos, por meio das partilhas, experiências, vivências e nas observações desses espaços. Ser sujeito periférico é potência, é consciência, é ação afirmativa que se opõe ao cerceamento imposto contra os sujeitos moradores das periferias.

Ao discorrer sobre o sujeito periférico, corre-se o risco de deixar algumas lacunas teóricas e interpretativas. Todavia, o objetivo direto não é explorar todas as concepções teóricas que versam sobre esse tema. Aqui, as explanações dialogam a partir de uma nova perspectiva, o termo vem sendo trabalhado considerando [sujeito e espaço] e [espaço e sujeito] pela afirmação de seus direitos. Abordando os estudos de Fontes (2018), temos o direito à cidade e o direito à periferia, pensando na luta das margens pela cidadania.

O direito à cidade é pensando por uma ótica periférica. Dessa maneira, o direito relaciona-se com o conceito de cidadania, que pode ser pensado na luta por articulações culturais, sociais e políticas. Esses enfrentamentos são contra a violação de direitos fundamentais e contra as desigualdades sociais que perpassam pela negação dos serviços públicos essenciais e pelo silenciamento da população periférica, que é, em sua grande maioria, negra e empobrecida. Esses sujeitos moradores da periferia lutam pelo seu "direito a ter direitos" (Fontes, 2018).

Fontes (2018) faz um paralelo didático entre dois conceitos emergentes: do direito à periferia e do direito à cidade. O primeiro ajuda na compreensão do segundo. O direito à periferia busca valorizar os periféricos por meio dos movimentos sociais, pelas articulações que são arquitetadas no campo social e político. Essas ações buscam o direito à igualdade e a efetivação dos direitos fundamentais, mas não deixando de considerar a cultura, as memórias e o modo de ser e agir da periferia, que se efetiva pela ajuda mútua (pelas partilhas), se opondo, dessa maneira, ao capitalismo (Fontes, 2018). O conceito de direito à cidade é pensado como proximidade, trazendo para as periferias infraestrutura digna, acesso aos bens de consumo coletivo e os serviços públicos que são essenciais para que se possa viver com qualidade e dignidade (Fontes, 2018).

Moradores das periferias vêm buscando protagonismo nos processos contestatórios, fazendo valer seus direitos assegurados em lei, promovendo e forjando transformações tanto na esfera política, pública, nas ressignificações desses espaços como lugar de potência, quanto designando funções sociais que buscam melhorias para o coletivo, pensando na justiça social como propósito a ser alcançado (Souza, 2011).

O Partido dos Trabalhadores (PT) tinha vinculação direta com os movimentos sociais que "abraçavam" mulheres, jovens, estudantes, negros, sindicatos, demais grupos minoritários e categorias profissionais que buscavam melhores condições salariais e trabalhistas. Segundo Souza (2011), por meio dessas lutas e movimentos sociais, o PT ganhou notoriedade, de modo que surgia aí algo novo e promissor no campo político.

Compreender o termo sujeito periférico é complexo e importante, tendo em vista que esse termo está atravessado e permeado por múltiplas subjetividades. Assim, pode-se pensar, por um viés interpretativo geral, que o sujeito periférico está sob condições de exclusão de direitos fundamentais, mas existem outras formas de se pensar e se apropriar do termo, compreendendo essa palavra por meio de outras óticas e contextos:

> [...] *sujeito periférico* poderia ser intercambiado por pessoa periférica. Este significado pode deslizar para outro atributo parecido, como se observará no significado a ser discutido a seguir (sic). Sujeito como 'subjetividade' – para além de designar uma pessoa ou indivíduo, designa que a dimensão externa representada por este enquanto 'existência' está preenchida de elementos intangíveis que o constituem, mas derivada de uma experiência compartilhada e mutualmente reconhecida [...]. Estes elementos seriam normas, formas de ver, sentidos, sentimentos, idiossincrasias e particularidades que formariam uma determinada subjetividade. Neste caso, *sujeito periférico* poderia ser traduzido *subjetividade periférica*, que de fato caberia na formulação que aqui se propõe, ou

> seja, ser portador de elementos cognoscentes constituídos por sua posição periférica. Aqui a palavra subjetividade por si só define aquilo que vem complementado pelo adjetivo *periférico*, existindo com certa independência em relação a este (D'Andrea, 2013, p. 172).

No trecho destacado supra, podemos pensar em uma aproximação e, ao mesmo tempo, num distanciamento entre sujeito periférico e minorias. Sendo assim, entendemos que o sujeito periférico está dentro de um grupo minoritário – "minoria", de forma qualitativa. Entretanto, podemos pensar que nem todas as minorias são compreendidas como sujeitos periféricos, tendo em vista que existem grupos específicos dentro dos grupos minoritários que, muitas vezes, desconhecem o que é ser sujeito periférico e não vivenciam a realidade da vida periférica (de favelas e aglomerados).

Falar em grupos minoritários ou minorias é um paradoxo, visto que esses sujeitos considerados minorias, na realidade, são a maioria em termo populacional. O conceito de minoridade remete à democracia representativa. Todavia, a democracia é um regime qualitativo porque no processo democrático a minoria pode ser ouvida. Logo, minoria é uma voz qualitativa para designar uma carência de voz afirmativa de segmentos das classes econômicas subalternas. Assim, ao falarmos de minorias ou grupos minoritários podemos inferir que está em foco uma parcela majoritária da população que possui, no entanto, demandas específicas e carece de políticas públicas que visem efetivar seus direitos fundamentais e também proteção social. Trata-se de cidadãos comprometidos com lutas sociais em diversas modalidades, que fazem parte de grupos compostos por homossexuais, mulheres, povos indígenas, ambientalistas, negros etc.

Esses grupos são movidos, como aponta Muniz Sodré, no texto *Por um conceito de minoria*, por um impulso de transformação e de uma organização que possui pretensão ético-política dentro de uma luta conta-hegemônica. Sodré (2005) observa que:

> Ora, a noção contemporânea de minorias – isto aqui se constitui em questão – refere-se à possibilidade de terem voz ativa ou intervirem nas instâncias decisórias do Poder aqueles setores sociais ou frações de classes comprometidos com as diversas modalidades de luta assumida pela questão social. Por isso, são considerados minorias os negros, os homossexuais, as mulheres, os povos indígenas, os ambientalistas, os antineoliberais etc. O que move uma minoria é o impulso de transformação [...] (Sodré, 2005, p. 12).

Sodré (2005) mobiliza quatro características fundamentais para que se possa compreender o conceito de minoria: a vulnerabilidade jurídico-social; a identidade *in statu nascendi*; a luta contra-hegemônica; as estratégias discursivas.[43] Em relação à primeira, ele explica que se refere ao estado de vulnerabilidade de certos grupos sociais "diante da legitimidade institucional e diante das políticas públicas. Donde sua luta por uma voz, isto é, pelo reconhecimento societário de seu discurso" (Sodré, 2005, p. 13). A segunda observa que "do ponto de vista de sua identificação social, a minoria apresenta-se [...] na condição de uma entidade em formação que se alimenta da força e do ânimo dos estados nascentes" (Sodré, 2005, p. 13). De acordo com as duas primeiras características, surge a terceira, que afirma que "uma minoria luta pela redução do poder hegemônico", fazendo da "mídia [...] um dos principais 'territórios' dessa luta" (Sodré, 2005, p. 13). A última característica aponta que esses grupos utilizam "estratégias de discurso e de ações demonstrativas", tais como "passeatas, invasões episódicas, gestos simbólicos, manifestos, revistas, jornais, programas de televisão, campanhas pela internet" (Sodré, 2005, p. 13).

É nesses espaços que ocorrem os debates e as contestações e, nesse contexto, a marginalidade[44] abre caminhos para ganhar notoriedade em uma sociedade segregada. Souza observa que

> [...] com transformações resultantes do histórico de lutas e reivindicações em torno do direito à existência de "diferentes diferenças", surgem novos sujeitos e são produzidas novas identidades em um fluxo marcado pelas "guerras de posição" no cenário cultural [...] (Souza, 2011, p. 50).

Iris Young (2006), no texto *Representação política, identidade e minorias*, observa, a respeito da sub-representação de grupos sociais, que

> [...] são muito frequentes as queixas que apontam o caráter excludente das normas de representação. As pessoas muitas vezes reclamam que os grupos sociais dos quais fazem parte ou com os quais têm afinidade não são devidamente represen-

---

[43] Souza (2011, p. 53) apresenta que "Uma das dimensões importantes do processo de constituição indenitária está em entender o discurso como forma de ação social, por meio da qual as pessoas, em interação, agem umas em relação às outras".

[44] O conceito de marginalidade aqui trabalhado não está associado à criminalidade. Todavia, esse conceito abarca os indivíduos que vivem à margem da sociedade, precisamente nas comunidades periféricas. É nesses espaços que as carências se reafirmam; é nesses espaços que os direitos fundamentais são negados para a população mais vulnerável.

> tados nos organismos influentes de discussões e tomadas de decisão, tais como legislaturas, comissões e conselhos, assim como nas respectivas coberturas dos meios de comunicação. Essas demandas evidenciam que numa sociedade ampla e com muitas questões complexas os representantes formais e informais canalizam a influência que as pessoas podem exercer. (Young, 2006, p. 140).

Falar em democracia é pensar em inclusão política, principalmente no que se refere a uma maior representatividade desses grupos sub-representados, ainda mais quando são maioria ou estão submetidos a desigualdades estruturais. É importante e emergencial que os sujeitos desses grupos ocupem espaços de tomada de decisões, tendo em vista que esses lugares ainda são destinados, de forma majoritária, a homens brancos, de classes média e alta e heterossexuais, que quase sempre não atendem às demandas de determinados grupos. Young aponta que

> Uma forma importante de promover maior inclusão de membros dos grupos sociais sub-representados se dá por meio de dispositivos políticos destinados especificamente a aumentar a representação de mulheres, pessoas da classe trabalhadora, minorias raciais ou étnicas, castas desfavorecidas etc. Assim, esquemas como cotas em listas partidárias, representação proporcional, cadeiras parlamentares reservadas e delimitação de distritos eleitorais especiais, entre outros, têm sido propostos e implementados para promover a representação de grupos. (Young, 2006, p. 170).

Os movimentos sociais estão ligados a essas questões de forma direta, uma vez que demandam e cobram formas plurais de representação em empresas privadas, órgãos estatais, comissões, conselhos e em instâncias diretivas. Entretanto, muitas sociedades ainda reafirmam as exclusões estruturais, promovendo um processo de segregação.

Os grupos minoritários precisam deixar a margem e conquistar esses espaços de poder que sempre foram negados a eles, não prevendo sua existência. Assim, o ato de ocupar esses espaços é um ato político de re(existir) a uma sociedade que nega diariamente os direitos a determinados grupos, deixando esses indivíduos em uma situação de precariedade e isolamento. Conforme observa José Righi (2011), na tese *RAP: ritmo e poesia: construção identitária do negro no imaginário do RAP brasileiro*,

> É nesse contexto que são chamadas "minorias", estereotipadas e invisíveis aos olhos do poder instituído e da sociedade, as quais para "se proteger", são forçadas a se fechar ainda mais em seus guetos, dentro de projetos indenitários de "resistência" [...] (Righi, 2011, p. 23).

O gênero musical rap se aproxima e dialoga com as múltiplas subjetividades dos grupos minoritários por meio de suas canções. Observamos canções de cunho denunciativo em relação a uma sociedade conservadora e elitista, que ainda seleciona e exclui determinados indivíduos que não se encaixam em um modelo predeterminado por uma cultura eurocêntrica. Assim, podemos pensar a cultura hip-hop como um instrumento de inclusão social. Teperman (2015) aponta, nesse sentido, que

> [...] a capacidade de mobilização do rap passou a interessar grupos que, até então, havia tido espaço reduzido no campo. Mais e mais "minorias", como mulheres, indígenas e homossexuais, vem encontrando espaço de expressão como rappers, inserindo novas reinvindicações na pauta e propondo novas elaborações estéticas [...] (Teperman, 2015, s/p).

Compreender os grupos minoritários é perceber que esses sujeitos, além de suas subjetividades, enfrentam cotidianamente inúmeras repressões e opressões, que são impostas pelo modelo representativo do Estado, tendo em vista que se enraizou na sociedade contemporânea um modelo padronizado a ser seguido pelos indivíduos (baseado na cultura eurocêntrica). Aqueles que não seguem esse padrão são representados de forma "não positiva". Esses grupos segregados usam uma série de artefatos para resistir e, nesse panorama, organizam de forma política espaços que sejam democráticos, que permitam a pluralidade estética e de pensamentos para promover uma sociabilidade que englobe o maior número de sujeitos.

Essa estrutura traz uma organização que aproxima esses indivíduos segregados:

> [...] a relativa interdição aos canais institucionais de participação e representação política, assim como a intolerância – velada ou ostensiva – ao desempenho de certas atividades e à ocupação de certos espaços urbanos, conduziu essa articulação de um *sentido coletivo da experiencia* para esferas que o debate público usualmente associa ao lazer e ao divertimento, quando não à baderna e à libidinagem. (Bertelli, 2017, p. 13).

Para Bertelli (2017),[45] esse modo de organização pode ser compreendido a partir da relevância que "a expressividade estética assume na sociabilidade das camadas pobres urbanas", fazendo com que "canções, vestimentas, pichações, vídeos e *posts* em redes sociais, com todos os aspectos de oralidade e narrativas que encerram, com todo o repertório de códigos, gestos e comportamentos" sejam abordados "como agenciamento coletivo de articulação de sentido às virtuais comunidades políticas que se configuram nas dinâmicas sociais das camadas marginalizadas da sociedade brasileira" (Bertelli, 2017, p. 13-14).

Assim, o sujeito periférico, ainda que morador de espaços marginalizados pelo/em relação ao centro, entendido como lugar de decisões e de representação política, assume sua condição de produtor/consumidor de cultura, de modo que o termo periferia já não designa "apenas 'pobreza e violência', – como até então ocorria no discurso oficial acadêmico - mas também 'cultura e potência', confrontando a lógica genocida do Estado por meio da elaboração coletiva de outros modos de dizer" (Oliveira, 2018, p. 23).

---

[45] O autor também observa que "a dinâmica social brasileira, marcada por um altíssimo grau de desigualdade, segregação urbana e racismo, parece ter se catalisado, nas últimas décadas, em parte de um poderoso dispositivo de incriminação e deslegitimação política das camadas mais pobres da população. Os estigmas dos 'vícios', da 'viadagem' e do 'crime' produzem a figura pública do 'inimigo comum' a ser combatido, cuja figura empresta legitimidade aos aparatos de gestão da 'questão social', por parte de agências estatais, civis ou religiosas, seja como propósito da 'salvação' ou 'recuperação' dos 'incapazes' e 'vulneráveis', seja a serviço da punição dos 'perigosos'" (Bartelli, 2017, p. 13).

4
LUGAR DE FALA: O QUE É E POR QUÊ?

É necessário sempre acreditar que o sonho é possível, que o céu é o limite e você truta é imbatível. O tempo ruim é só uma fase, o sofrimento alimenta mais a sua coragem.

(Racionais MC'S, 2002)

Pensando na organização complexa do racismo que permeia nossa sociedade, a obra de Djamila Ribeiro (2017) *O que é lugar de fala?* é um "grito" sobre a legitimação das múltiplas vozes que nos formam como sociedade. Ao mesmo tempo, a obra questiona quem tem o direito de falar em uma sociedade que legítima algumas vozes, que se tornam hegemônicas como as da branquitude heteronormativa e que mantêm uma organização para dar prerrogativa a grupos específicos, numa espécie de regime de autorização discursiva.[46] A obra questiona, assim, o silenciamento e o apagamento de narrativas, bem como os posicionamentos dos sujeitos que foram e são historicamente excluídos da sociedade.

Em *O que é lugar de fala?*, a autora reflete sobre essa questão, dialogando com outras autoras femininas negras e latinas, considerando a tentativa de "deslegitimação da produção intelectual" dessas ou daqueles que "propõem a descolonização do pensamento" (Ribeiro, 2017, p. 14), tais como Grada Kilomba, Gayatri Spivak, Patricia Hill Collins e Linda Alcoff.

O lugar de fala é, antes de tudo, um ato político, ético e legítimo, pois busca representar vozes que gritam contra um silenciamento histórico que, por muito tempo, invisibilizou a existência de diversos grupos de sujeitos. Hoje, o lugar de fala é visto de forma legítima, configurando-se como uma voz que abala as estruturas hegemônicas. Nessas circunstâncias,

---

[46] O regime de autorização discursiva impede que os "outros" tenham voz, no entanto, a palavra voz aqui não é tratada no sentido de emitir palavras, mas no sentido de existência, de uma forma mais ampla, pensando na perspectiva de visibilidade.

os sujeitos assumem uma voz ativa que, por muito tempo, foi passiva e, na maior parte dos casos, silenciada e deslegitimada. Isso porque, como evidencia Ribeiro,

> [...] quem possuiu o privilégio social possui o privilégio epistêmico, uma vez que o modelo valorizado e universal de ciência é branco. A consequência dessa hierarquização legitimou como superior a explicação epistemológica eurocêntrica conferindo ao pensamento moderno ocidental a exclusividade do que seria conhecimento válido, estruturando-o como dominante e, assim, inviabilizando outras experiências do conhecimento (Ribeiro, 2017, p. 24).

A origem da expressão "lugar de fala" carrega dúvidas, como aponta Ribeiro:

> Para além dessa conceituação dada pela comunicação, é preciso dizer que não há uma epistemologia determinada sobre o termo lugar de fala especificamente, ou melhor, a origem do termo é imprecisa, acreditamos que este surge a partir da tradição de discussão sobre *feminist stand point* – em uma tradução literal "ponto de vista feminista"- diversidade, teoria racial crítica e pensamento decolonial. As reflexões e trabalhos gerados nessa perspectiva, consequentemente, foram sendo moldados no seio dos movimentos sociais, muito demarcadamente no debate virtual, como forma de ferramenta política e no intuito de se colocar contra uma autorização discursiva. Porém, é extremamente possível pensá-lo a partir de certas referências que vêm questionando quem pode falar (Ribeiro, 2017, p. 58).

Segundo Mônica Fontana (2017), em seu artigo *Lugar de fala: enunciação, subjetivação, resistência,* existe um antagonismo discursivo que permeia as políticas de reconhecimento e modifica as múltiplas relações (moral, racial, intersubjetivas e de gênero) entre os sujeitos, que se relacionam com base nas "lutas pelo reconhecimento [...] a partir de um lugar de fala legitimado metonimicamente, que podem deslizar inadvertidamente para o apaziguamento do conflito, dadas as condições de produção da formação social brasileira." (Fontana, 2017, p. 69).

Para ilustramos melhor a questão do lugar de fala, valemo-nos da letra da canção *O que se cala*, composta por Douglas Germano e gravada por Elza Soares, do álbum *Deus é mulher*, de 2018. Na canção, a voz de Elza, símbolo da luta da mulher negra,[47] reafirma que seu país é o seu lugar de fala:

> Mil nações
> Moldaram minha cara
> Minha voz
> Uso pra dizer o que se cala
> Ser feliz no vão, no triste, é força que me embala
> O meu país
> É meu lugar de fala
> O meu país
> É meu lugar de fala
> Nosso país
> Nosso lugar de fala
> Nosso país
> Nosso lugar de fala
> [...]
> Pra que negar
> Que o ódio é que te abala?
> O meu país
> É meu lugar de fala [...][48]

Na canção *Exu nas escolas*, composta por Kiko Dinucci e Edgar, do álbum com o mesmo nome, questões ligadas ao apagamento das religiões de matriz africana são colocadas em cena, evidenciando uma das formas de silenciamento da população negra. A canção discursa em favor de que conhecimentos da matriz africana sejam, de fato, incorporados à educação brasileira, apostando na oralidade do rap:

---

[47] Djamila Ribeiro fala sobre a importância e a potência da cantora Elza Soares: "Uma das maiores cantoras brasileiras rompe com silêncios históricos e empresta sua voz para amplificar as nossas. Vemos uma Elza Soares cantando a partir de um lugar potente, num elo com as gerações mais jovens. Como autora do livro *O que é Lugar de Fala*, fiquei particularmente tocada em ver uma mulher como ela, uma das maiores cantoras brasileiras, rompendo com silêncios históricos e emprestando sua voz para amplificar as nossas. Uma generosidade para quem ainda precisa se calar perante a vida. Elza fala por milhares, canta a liberdade" (Ribeiro 2018 *apud* Elza, 2018, s/p). O álbum de Elza mostra de forma potente um debate sobre antirracismo, questões ligadas a cunho religioso, principalmente, por liberdade religiosa, ancestralidade, política e feminismo, tudo que é tratado por Ribeiro em sua coleção Feminismos Plurais.

[48] Disponível em: https://www.youtube.com/watch?v=Kw9ke8zt7XA. Acesso em: 2 dez. 2020.

[...]
Estou vivendo como um mero mortal profissional
Percebendo que às vezes não dá pra ser didático
Tendo que quebrar o tabu e os costumes frágeis das crenças limitantes
Mesmo pisando firme em chão de giz
De dentro pra fora da escola é fácil aderir a uma ética e uma ótica
Presa em uma enciclopédia de ilusões bem selecionadas
E contadas só por quem vence
Pois acredito que até o próprio Cristo
Era um pouco mais crítico em relação a tudo isso
E o que as crianças estão pensando?
Quais são os recados que as baleias têm para dar a nós, seres humanos,
antes que o mar vire uma gosma?
Cuide bem do seu Tcheru
Na aula de hoje veremos exu
Voando em tsuru
Entre a boca de quem assopra e o nariz de quem recebe o tsunu
As escolas se transformaram em centros ecumênicos
Exu te ama e ele também está com fome
Porque as merendas foram desviadas novamente
Num país laico, temos a imagem de César na cédula e um "Deus seja louvado"
As bancadas e os lacaios do Estado
Se Jesus Cristo tivesse morrido nos dias de hoje com ética
Em toda casa, ao invés de uma cruz, teria uma cadeira elétrica
[...][49]

Ribeiro (2017) pontua que, diante do silenciamento imposto a grupos minoritários, muitos se organizam para quebrar esse paradigma e enfrentar esse cerceamento, criando organizações sociais, políticas e intelectuais como forma de resistência. Essas formas de resistir buscam alcançar visibilidade e conquistar espaços que sempre foram negados a esses grupos, construindo a legitimação do lugar de fala, que não se restringe, no entanto, lembra

---

[49] Disponível em: https://www.youtube.com/watch?v=Kw9ke8zt7XA. Acesso em: 2 dez. 2020.

Ribeiro, "ao ato de emitir palavras, mas de poder existir. Pensamos lugar de fala como refutar a historiografia tradicional e a hierarquização de saberes consequente da hierarquia social." (Ribeiro, 2017, p. 64). A propósito disso, Ribeiro (2017) destaca que:

> Pensando num contexto brasileiro, o saber das mulheres de terreiro, das Ialorixás e Babalorixás, das mulheres do movimento por luta por creches, lideranças comunitárias, irmandades negras, movimentos sociais, outra cosmogonia a partir de referências provenientes de religiões de matriz africanas, outras geografias de razão e saberes. (Ribeiro, 2017, p. 27).

Em relação ao lugar de fala, Ribeiro (2017) chama a atenção para a confusão existente entre lugar de fala e representatividade, ilustrando a questão com o seguinte exemplo:

> Uma travesti negra pode não se sentir representada por um homem branco cis, mas esse homem branco cis pode teorizar sobre a realidade das pessoas trans e travestis a partir do lugar que ele ocupa. Acreditamos que não pode haver essa desresponsabilização do sujeito do poder. A travesti negra fala a partir de sua localização social, assim como o homem branco cis. Se existem poucas travestis negras em espaços de privilégio, é legítimo que exista uma luta para que elas, de fato, possam ter escolhas numa sociedade que as confina num determinado lugar, logo é justa a luta por representação, apesar dos seus limites. Porém, falar a partir de lugares é também romper com essa lógica de que somente os subalternos falem de suas localizações, fazendo com que aqueles inseridos na norma hegemônica sequer se pensem. Em outras palavras, é preciso, cada vez mais, que homens brancos cis estudem branquitude, cisgeneridade, masculinos. Como disse Rosane Borges, para a matéria O que é lugar de fala e como ele é aplicado no debate público, pensar lugar de fala é uma postura ética, pois "saber o lugar de onde falamos é fundamental para pensarmos as hierarquias, as questões de desigualdade, pobreza, racismo e sexismo" (Ribeiro, 2017, p. 83-84).

Sob essa ótica, observamos que a representatividade é subjetiva, sendo difícil alguém delegar para outro tal função; porém, é importante que ela exista, pois quem é silenciado e invisibilizado precisa que outras pessoas assumam essa função expositiva, podendo criar mecanismos para que suas demandas sejam expostas e que se crie diálogo em torno delas. É importante que sujeitos privilegiados compreendam seu lugar de privilégio na sociedade, de modo que venham a visualizar o lugar que o outro indivíduo ocupa, mesmo que de forma subalternizada, criminalizada ou de forma privilegiada. Outras pessoas que estão na posição de poder podem falar e propor mecanismos de visibilidade para temáticas que estão na margem e precisam ser trazidas para a centralidade do debate. Assim, ao falar, o indivíduo deve pensar do local de onde está falando, para quem essa narrativa se destina e como ela é organizada e verbalizada.

A respeito do privilégio epistêmico, Ribeiro destaca que

> [...] mesmo diante dos limites impostos, vozes dissonantes têm conseguido produzir ruídos e rachaduras na narrativa hegemônica, o que, muitas vezes, desonestamente, faz com que essas vozes sejam acusadas de agressivas justamente por lutarem contra a violência do silêncio imposto.[50] O grupo que sempre teve o poder, numa inversão lógica e falsa simétrica causada pelo medo de não ser único, incomoda se com os levantes de vozes. Entretanto, mesmo com essas rachaduras, torna-se essencial o prosseguimento do debate estrutural, uma vez que uma coisa não anula a outra, definitivamente. (Ribeiro, 2017, p. 87).

Segundo Vera França (2001), em seu artigo *Convivência urbana, lugar de fala construção do sujeito*, a cidade "mais do que um lugar de diferença [...] é também um lugar de segregação" (França, 2001, p. 3). Para ela, as diferentes funções vividas pelos sujeitos na cidade não se dão em condições igualitárias, mas afirmam um posicionamento, antes de tudo, hierárquico, que segrega e oprime. Muitos são colocados em posições subalternas e de servidão, excluídos de direitos fundamentais, tais como educação, moradia e saúde, mantendo um exíguo acesso aos bens culturais e de consumo. Assim, sua fala se torna escassa e "não legitimada", de modo que vivem em situação de exclusão e invisibilidade simbólica (França, 2001). Dessa

---

[50] Tal perspectiva pode ser facilmente relacionada ao *rap*, visto que a "agressividade associada ao *rap*, por exemplo, pode ser originária do rompimento com narrativas hegemônicas, que não habituadas a esses 'ruídos', veem/ouvem o gênero musical como violento. A partir disso, é possível pensar que o *rap* e o *rapper* não só fala de um lugar de origem autorizado, como fala por outros que não têm suas vozes escutadas, na medida em que fala de uma realidade que envolve ambos, utilizando-se, ainda, de uma indústria cultural e dos mecanismos do mercado fonográfico, não acessíveis a todos (do ponto de vista da produção)." (Leite, 2019, p. 41).

forma, nas cidades, a invisibilidade é maior, bem como a negação de direitos fundamentais para uma condição de vida digna.

Pensar em lugar de fala é compreender que o sujeito fala de algum lugar, para alguém e de alguma forma, e que o ato de falar não é neutro, mas os discursos carregam subjetividades, signos e têm a função de transmitir informações. Ao falar, os grupos sociais ascendem uma cadência de múltiplas vozes, que são legítimas e devem ser ouvidas. Esse ato de falar constrói uma identidade política, que é, sobretudo, reivindicatória, que permite a visualização da igualdade e da diferença que permeia as relações sociais. Como observa França,

> É através da palavra, da construção de projetos e lugares de fala que os grupos sociais acedem (sic) ao universo das representações - e constroem sua identidade. Nós nos damos a conhecer, dizemos quem somos - e nos construímos e reconhecemos enquanto tais - através dos discursos que proferimos. As identidades se constroem discursivamente, isto é: identidades são falas, discursos que dão visibilidade (projetam) traços de caracterização e de unificação, provocam compartilhamento - e por aí também estabelecem tanto os pares quanto os não iguais. Processos identitários estabelecem tanto as semelhanças e os semelhantes quanto à diferença e os diferentes - o outro. Ora, nas sociedades estratificadas em que vivemos, marcadas pela diferença, mas também pela dominação e intolerância, o "outro" não fala. Ele é "falado" pelos discursos identitários que, ao estabelecer o padrão (quem somos nós), vem exatamente posicioná-lo enquanto "outro" (o "outro" do "nós") (França, 2001, p. 4).

O lugar de fala nos leva a refletir sobre o processo de silenciamento, pois, por muito tempo, só alguns grupos tinham o privilégio de falar, o que dava legitimidade e prerrogativas para atuar em instâncias decisórias de poder. Dessa forma, pensar criticamente os lugares dos quais se fala significa "desestabilizar e criar fissuras e tensionamentos a fim de fazer emergir não somente contradiscursos, posto que ser contra ainda é ser contra a alguma coisa. Ser contra-hegemônica ainda é ter como norte aquilo que me impõe." (Ribeiro, 2017, p. 89-90).

Daí a importância de escutar quem fala, principalmente em se tratando de sujeitos historicamente silenciados e excluídos de uma sociedade como a nossa, estruturada a partir da escravidão, dos sistemas de opressão e de violência.

Almeida (2020) discorre sobre questões estruturais do racismo e como essas questões estão presentes e atreladas de forma direta com a herança escravocrata. A partir disso, o autor explana dois pontos que nos ajudam a compreender a relação entre escravidão e racismo. O primeiro

> [...] parte da afirmação de que o racismo decorre das marcas deixadas pela escravidão e pelo colonialismo[51]. Conforme este raciocínio, as sociedades contemporâneas, mesmo após o fim oficial dos regimes escravistas, permaneceriam presas a padrões mentais e institucionais escravocratas, ou seja, racistas, autoritários e violentos. Dessa forma, o racismo seria uma espécie de resquício da escravidão, uma contaminação essencial que, especialmente nos países periféricos, impediria a modernização das economias e o aparecimento de regimes democráticos (Almeida, 2020, p. 183).

Ainda hoje, no Brasil, estão presentes questões do passado colonial e escravocrata, tendo relação com o Brasil do século XV. Ainda estão evidentes marcas que não foram apagadas, pelo contrário, são cicatrizes que ainda estão abertas e não foram curadas. Com isso, ainda estão presentes, infelizmente, ações racistas, violentas e arbitrárias, que colocam os negros na base da pirâmide social, sem possibilidade de ascensão, deixando-os relegados perante a sociedade.

Almeida (2020) observa que o outro ponto estruturante do racismo é a formação socioeconômica brasileira. A principal consideração a esse respeito afirma que

> [...] apesar de não negar os impactos terríveis da escravidão na formação econômica e social brasileira, dirá que as formas contemporâneas do racismo são produtos do capitalismo avançado e da racionalidade moderna, e não resquícios de um passado não superado. O racismo não é um resto da escravidão, até mesmo porque não há oposição entre modernidade/capitalismo e escravidão. A escravidão e o racismo são elementos constitutivos tanto da modernidade, quanto

---

[51] De acordo com Borges (2020), de forma geral, colonialismo se refere à prática de dominação sobre algum território. Ou seja, é um meio utilizado por grandes potências para exercer domínio político, econômico ou cultural sobre alguma nação. Dessa forma, utilizam esse mecanismo para explorar as riquezas ou com o intuito de expandir território. Visto isso, as terras dominadas são exploradas e os habitantes perdem, na maioria das vezes, direitos políticos e bem materiais. Dessa forma, a potência exploradora consegue se fixar no território explorado e, assim, extrair as riquezas naturais que a região oferece.

> do capitalismo, de tal modo que não há como desassociar um do outro (Almeida, 2020, p. 183).

Inegavelmente, o racismo tem ligação direta com o capitalismo (exploração direta da mão de obra de determinados sujeitos). Em síntese, o racismo e o capitalismo são elementos constitutivos da nossa sociedade, sendo componentes que organizam, mantêm e perpetuam as relações de poder de forma direta, deixando alguns indivíduos na posição de superioridade e muitos na condição de servidão e exploração. Conforme Almeida (2020, p. 184), "[...] para se renovar, o capitalismo precisa muitas vezes renovar o racismo, como, por exemplo, substituir o racismo oficial e a segregação legalizada pela indiferença diante da igualdade racial sob o manto da democracia".

Por esse e outros tantos motivos, o racismo precisa ser extinto. Observa-se que a estrutura que o sustenta impede que a democracia seja efetivada e que pessoas negras conquistem espaços de visibilidade e respeito na sociedade. O racismo, portanto, segrega, silencia e exclui determinados grupos raciais. Dessa maneira, não se pode pensar em racismo sem pensar em lugar de fala. As vozes dos negros, por muito tempo e ainda hoje, são emudecidas e postergadas. Daí a importância de dar visibilidade para esses sujeitos, para que suas vozes possam ecoar em plenitudes plurais.

De acordo com Ribeiro (2017), todas as pessoas possuem seu lugar de fala, pois estamos falando de um lugar social, mas é importante pensar sobre qual lugar é esse. A partir dessa perspectiva, podemos organizar nossas ideias de forma crítica e reflexiva sobre os mais diversos temas presentes na sociedade. É importante que sujeitos que são privilegiados, a partir do seu lugar social e de pertencimento, consigam visualizar as posições de poder que são produzidas nessas organizações e espaços e identificar como essa organização interfere de forma direta no *locus* de grupos submissos e excluídos. Dessa forma, sujeitos em posições privilegiadas irão visualizar as organizações sociais a partir de outra ótica, compreendendo de forma contextualizada as estratificações sociais que ainda persistem em uma sociedade tão desigual, conforme avalia Ribeiro:

> Numa sociedade como a brasileira, de herança escravocrata, pessoas negras vão experienciar racismo do lugar de quem é objeto dessa opressão, do lugar que restringe oportunidades por conta desse sistema de opressão. Pessoas brancas vão experienciar do lugar de quem se beneficia dessa mesma opressão. Logo, ambos os grupos podem e devem discutir

> essas questões, mas falarão de lugares distintos. Estamos dizendo, principalmente, que queremos e reivindicamos que a história sobre a escravidão no Brasil seja contada por nossas perspectivas também e não somente pela perspectiva de quem venceu [...]. Estamos apontando para a importância de quebra de um sistema vigente que invisibiliza essas narrativas. (Ribeiro, 2017, p. 86).

Almeida (2020)[52] traz importantes contribuições para que se possa analisar e compreender de forma conceitual e didática algumas definições que ainda causam desarranjo teórico, como: racismo, preconceito racial, discriminação racial, discriminação direta, discriminação indireta, discriminação positiva, racismo individualista, racismo institucional e racismo estrutural. Aqui, iremos abordar tais conceitos de forma breve e objetiva, usando como suporte teórico a obra *Racismo Estrutural*, de 2020.

O racismo é uma forma direta de discriminação, podendo ser praticado de forma lúcida ou involuntária. Tal ação tem como finalidade a manutenção do poder, perpetuando as desigualdades e a violência.

> [...] o racismo é uma forma sistemática de discriminação que tem a raça como fundamento, e que se manifesta por meio de práticas conscientes ou inconscientes que culminam em desvantagens ou privilégios para indivíduos, a depender do grupo racial ao qual pertençam. (Almeida, 2020, p. 32).

O preconceito racial, por sua vez, leva em consideração rótulos que se "encaixam" em determinadas coletividades de indivíduos, criando padrões para tais grupos.

> O preconceito racial é o juízo baseado em estereótipos acerca de indivíduos que pertençam a um determinado grupo racializado, e que pode ou não resultar em práticas discriminatórias. Considerar negros violentos e inconfiáveis, judeus avarentos ou orientais "naturalmente" preparados para as ciências exatas são exemplos de preconceitos (Aimeida, 2020, p. 32).

---

[52] Almeida (2020) afirma que embora "[...] a antropologia surgida no início do século XX e a biologia – especialmente a partir do sequenciamento do genoma – tenha há muito demonstrado que não existe diferenças biológicas ou culturais que justifiquem um tratamento discriminatório entre os seres humanos, **o fato é que a noção de raça ainda é um fator político importante, utilizado para naturalizar desigualdades e legitimar segregação e o genocídio de grupos sociologicamente considerados minoritários**" (Almeida, 2020, p. 31, grifos nossos).

A discriminação racial está relacionada com o modo particularizado de tratamento a determinados grupos raciais, tratamento que muitas vezes se baseia em formas violentas e no uso da força.

> A discriminação racial, por sua vez, é a atribuição de tratamento diferenciado a membros de grupos racialmente identificados. Portanto, a discriminação tem como requisito fundamental o poder, ou seja, a possibilidade efetiva do uso da força, sem o qual não é possível atribuir vantagens ou desvantagens por conta da raça (Almeida, 2020, p. 32).

A discriminação direta é direcionada a determinados grupos de indivíduos e leva em consideração a questão racial, preterindo esses sujeitos.

> A discriminação direta é o repúdio ostensivo a indivíduos ou grupos, motivado pela condição racial, exemplo do que ocorre em países que proíbem a entrada de negros, judeus, muçulmanos, pessoas de origem árabe ou persa, ou ainda lojas que se recusem a atender clientes de determinada raça (Almeida, 2020, p. 32-33).

A discriminação indireta é executada de forma não intencional. Entretanto, não deixa de ser uma forma de discriminação que produz marcas negativas nas vítimas.

> [...] a discriminação indireta é um processo em que a situação específica de grupos minoritários é ignorada – discriminação de fato –, ou sobre a qual são impostas regras de "neutralidade racial" [...] sem que se leve em conta a existência de diferenças sociais significativas – discriminação pelo direito ou discriminação por impacto adverso (Almeida, 2020, p. 33).

Conforme Almeida[53] (2020, p. 33), tanto a prática da discriminação direta quanto a indireta causam problemas graves, que vão perdurando, ao longo do tempo, causando problemas que segregam e dificultam o progresso de determinados grupos sociais.

Existe ainda um conceito teórico para o termo "discriminação positiva", que visa ajustar um tratamento particularizado para grupos historicamente

---

[53] "A consequência de práticas de discriminação direta e indireta ao longo do tempo leva à estratificação social, um fenômeno intergeracional em que o percurso de vida de todos os membros de um grupo social – o que inclui as chances de ascensão social, de reconhecimento e de sustento material – é afetado." (Almeida, 2020, p. 33).

marginalizados, tendo como objetivo reparação de danos que foram causados no decorrer do tempo.

> [...] discriminação positiva, definida como a possibilidade de atribuição de tratamento diferenciado a grupos historicamente discriminados com o objetivo de corrigir desvantagens causadas pela discriminação negativa – a que causa prejuízos e desvantagens. Políticas de ação afirmativa – que estabelecem tratamento discriminatório a fim de corrigir ou compensar a desigualdade – são exemplos de discriminação positiva (Almeida, 2020, p. 34).

Almeida (2020) apresenta três conceitos fundamentais para a compreensão das questões em voga, o racismo individualista, o racismo institucional e o racismo estrutural, de modo a favorecer o debate e a contribuir para a interpretação de cada conceito, bem como para o reconhecimento de suas especificidades.

O racismo individualista é compreendido como uma espécie de chaga patológica. Pensando por esse viés, seria uma ocorrência singular ou plural, sendo outorgada a grupos isolados. Essa definição de racismo esbarra em questões jurídicas e pode ser interpretada de diversas formas. A concepção desse tipo de racismo sustenta narrativas discriminatórias que são perpetuadas (atravessadas) na sociedade, narrativas que tentam "amenizar" o preconceito e o desprezo pelos grupos historicamente excluídos.

> O racismo, segundo esta concepção, é concebido como uma espécie de "patologia" ou anormalidade. Seria um fenômeno ético ou psicológico de caráter individual ou coletivo, atribuído a grupos isolados; ou, ainda, seria o racismo uma "irracionalidade" a ser combatida no campo jurídico por meio da aplicação de sanções civis – indenizações, por exemplo – ou penais. Por isso, a concepção individualista pode não admitir a existência de "racismo", mas somente de "preconceito", a fim de ressaltar a natureza psicológica do fenômeno em detrimento de sua natureza política. Sob este ângulo, não haveria sociedades ou instituições racistas, mas indivíduos racistas, que agem isoladamente ou em grupo. Desse modo, o racismo, ainda que possa ocorrer de maneira indireta, manifesta-se, principalmente, na forma de discriminação direta. Por tratar-se de algo ligado ao comportamento, a educação e a conscientização sobre os males do racismo, bem como o

> estímulo a mudanças culturais, serão as principais formas de enfrentamento do problema. O racismo é uma imoralidade e também um crime, que exige que aqueles que o praticam sejam devidamente responsabilizados, disso estamos convictos. Porém, não podemos deixar de apontar o fato de que a concepção individualista, por ser frágil e limitada, tem sido a base de análises sobre o racismo absolutamente carentes de história e de reflexão sobre seus efeitos concretos. É uma concepção que insiste em flutuar sobre uma fraseologia moralista inconsequente – "racismo é errado", "somos todos humanos", "como se pode ser racista em pleno século XXI?", "tenho amigos negros" etc. – e uma obsessão pela legalidade. No fim das contas, quando se limita o olhar sobre o racismo a aspectos comportamentais, deixa-se de considerar o fato de que as maiores desgraças produzidas pelo racismo foram feitas sob o abrigo da legalidade e com o apoio moral de líderes políticos, líderes religiosos e dos considerados "homens de bem" (Almeida, 2020, p. 36-37).

O racismo institucional[54] não é definido por comportamento e ações individualistas, entretanto é percebido pelas ações funcionais das instituições, que culminam em vantagens e desvantagens com base na raça. Muitas vezes, as instituições são coniventes com ações dos indivíduos, normalizando e "padronizando" condutas discriminatórias. Sustentando, de certa forma, o racismo institucional.

> A concepção institucional significou um importante avanço teórico no que concerne ao estudo das relações raciais. Sob esta perspectiva, o racismo não se resume a comportamentos individuais, mas é tratado como o resultado do funcionamento das instituições, que passam a atuar em uma dinâmica que confere, ainda que indiretamente, desvantagens e privilégios com base na raça [...]. A estabilidade dos sistemas sociais depende da capacidade das instituições de absorver os conflitos e os antagonismos que são inerentes à vida social. Entenda-se absorver como normalizar, no sentido de estabelecer normas e padrões que orientarão a ação dos indivíduos. Em

---

[54] Para Almeida (2020), as instituições "apesar de constituídas por formas econômicas e políticas gerais – mercadoria, dinheiro, Estado e direito –, cada sociedade em particular se manifesta de distintas maneiras. Por exemplo, dizer que as sociedades contemporâneas estão sob o domínio de um Estado não significa dizer que os Estados são todos iguais quando historicamente considerados. O Estado brasileiro não é igual ao Estado francês, embora ambos sejam formalmente Estados. É desse modo que podemos compreender que as formas sociais – dentre as quais o Estado – se materializam nas instituições" (Almeida, 2020, p. 38).

outras palavras, é no interior das regras institucionais que os indivíduos se tornam sujeitos, visto que suas ações e seus comportamentos são inseridos em um conjunto de significados previamente estabelecidos pela estrutura social. Assim, as instituições moldam o comportamento humano, tanto do ponto de vista das decisões e do cálculo racional, como dos sentimentos e preferências (Almeida, 2020, p. 37, 38, 39).

Dessa maneira, pode-se pensar que os embates raciais estão presentes de forma latente nas instituições, fazendo parte integrante e indissociável das organizações. O racismo institucional[55] mantém os interesses de um grupo hegemônico no poder, com o objetivo de manter um grupo social no comando, dando autoridade e legitimando uma hegemonia explícita e ditadora. Os grupos dominantes ditam formas padronizadas de estereótipos, padrões e condutas, que são geralmente reforçadas e perpetuadas pela branquitude heteronormativa. Tais fatos são tão presentes que fazem com que essas façanhas sejam normalizadas pela sociedade.

Assim, a principal tese dos que afirmam a existência de racismo institucional é que os conflitos raciais também são parte das instituições. Assim, a desigualdade racial é uma característica da sociedade não apenas por causa da ação isolada de grupos ou de indivíduos racistas, mas fundamentalmente porque as instituições são hegemonizadas por determinados grupos raciais que utilizam mecanismos institucionais para impor seus interesses políticos e econômicos. O que se pode verificar até então é que a concepção institucional do racismo trata o poder como elemento central da relação racial. Com efeito, o racismo é dominação. É, sem dúvida, um salto qualitativo quando se compara com a limitada análise de ordem comportamental presente na concepção individualista. Assim, detêm o poder os grupos que exercem o domínio sobre a organização política e econômica da sociedade. Entretanto, a manutenção desse poder adquirido depende da capacidade do grupo dominante de institucionalizar seus interesses, impondo a toda sociedade regras, padrões de condutas e modos de racionalidade que

---

[55] O caso da advogada Valéria dos Santos demonstra uma situação de racismo institucional. A advogada foi algemada, humilhada e arrastada em setembro de 2018, em Duque de Caxias, Baixada Fluminense, RJ. Na ocasião, a profissional estava em exercício da sua função profissional (em audiência), sendo impedida de ler a contestação (ato constitucional). Posteriormente, Valeria foi conduzida à delegacia por resistência (Rodas, 2018). Para conhecer o relato de Valéria dos Santos, acesse: https://theintercept.com/2019/11/20/se-eu-me-debates-se-elespoderiam-me-dar-um-tiro-a-historia-da-advogada-presa-durante-audiencia/. Acesso em: 17 maio 2021.

tornem "normal" e "natural" o seu domínio. No caso do racismo institucional, o domínio se dá com o estabelecimento de parâmetros discriminatórios baseados na raça, que servem para manter a hegemonia do grupo racial no poder. Isso faz com que a cultura, os padrões estéticos e as práticas de poder de um determinado grupo tornem-se o horizonte civilizatório do conjunto da sociedade. Assim, o domínio de homens brancos em instituições públicas – o legislativo, o judiciário, o ministério público, reitorias de universidades etc. – e instituições privadas – por exemplo, diretoria de empresas – depende, em primeiro lugar, da existência de regras e padrões que direta ou indiretamente dificultem a ascensão de negros e/ou mulheres e, em segundo lugar, da inexistência de espaços em que se discuta a desigualdade racial e de gênero, naturalizando, assim, o domínio do grupo formado por homens brancos. (Almeida, 2020, p. 39-41).

O racismo estrutural[56] perpassa os campos econômico, judicial, político e as subjetividades que, infelizmente, fazem parte da dinâmica de vida de pessoas negras, podendo ser observado como uma ação estrutural e estruturante da sociedade. Inquestionavelmente, o racismo estrutural é complexo, por ser difícil de perceber. Dessa maneira, pode-se observar a quantidade reduzida de negros em posição de poder ou liderança na sociedade. Além disso, a grande maioria de negros/as está desenvolvendo serviços de menor prestígio social (serviço braçal), enquanto os brancos estão na posição de liderança, desenvolvendo serviços de prestígio social e intelectual. Isso vem sendo reproduzido de forma constante, sendo parte estrutural da nossa sociedade e, muitas vezes, normalizada por muitos. Almeida observa que

> As instituições são apenas a materialização de uma estrutura social ou de um modo de socialização que tem o racismo como um de seus componentes orgânicos. Dito de modo mais direto: as instituições são racistas porque a sociedade é racista. [...] há instituições cujos padrões de funcionamento redundam em regras que privilegiem determinados grupos raciais, é porque o racismo é parte da ordem social. Não é algo criado pela instituição, mas é por ela reproduzido (Almeida, 2020, p. 47).

---

[56] Almeida (2020) observa que o racismo estrutural "é uma decorrência da própria estrutura social, ou seja, do modo 'normal' com que se constituem as relações políticas, econômicas, jurídicas e até familiares, não sendo uma patologia social e nem um desarranjo institucional" (Almeida, 2020, p. 50). Almeida não normaliza essa forma de racismo, pelo contrário, ele explicita que esse tipo de preconceito está presente de forma potente e enraizada em nossa sociedade que visa manter o privilégio de determinados grupos sociais em detrimento dos demais.

"Nesse caso, as relações do cotidiano no interior das instituições vão reproduzir as práticas sociais corriqueiras, dentre as quais o racismo, na forma de violência explícita ou de microagressões – piadas, silenciamento, isolamento etc." (Almeida, 2020, p. 48). Assim, percebe-se que o racismo estrutural está enraizado, pois emerge em ações violentas e rotineiras que estão no cotidiano de pessoas negras.

Voltando ao campo da música popular brasileira, Luiz da Silva Neto et al. (2019), no artigo O blvesman no discurso de resistência: o rap de baco exu do blues, observam que outros gêneros musicais brasileiros que antecederam o rap tinham uma proposta embasada na criticidade, como o samba. Essas canções eram cantadas como uma forma de resistência, expondo a realidade e as dificuldades das pessoas empobrecidas. Os autores observam que o blues é um estilo musical estadunidense, "que representa e manifesta inúmeras formas de resistência cultural, principalmente, a luta antirracista" (Silva Neto et al., 2019, p. 127). A esse respeito, destacamos a fala de Claudia Matos (1982), no texto O samba e seu lugar, no qual ela aponta que esse gênero musical brasileiro foi fundamental para demarcar/documentar as demandas de uma população negra oprimida.

> As letras de samba por muito tempo constituíram o principal, senão o único, documento verbal que as classes populares do Rio de Janeiro produziram autônoma e espontaneamente. Através delas, vários segmentos da população habitualmente relegados ao silêncio histórico impuseram sua linguagem e sua mensagem a ouvidos frequentemente cerrados à voz do povo. (Matos, 1982, p. 22).

Para ilustrarmos melhor a fala da pesquisadora, citamos o samba enredo de 2020, A voz da liberdade, da escola de samba Acadêmicos de Cubango,[57] que relata, temporalmente, a história do negro escravizado e sua resistência. A letra do samba[58] é emblemática quando mostra, de forma explícita, o lugar de fala, fazendo uma comparação da época do Brasil Colônia e com os dias atuais (senzala e favela), mostrando que o negro sempre

---

[57] A letra e a história do samba enredo A voz da liberdade, 2020, dos Acadêmicos de Cubango, estão disponíveis em: https://noticias.uol.com.br/carnaval/2019/colunas/anderson-baltar/2019/09/01/cubango-escolhe-samba--parahomenagear-luis-gama-no-carnaval-2020.htm. Acesso em: 27 out. 2020.
[58] Souza (2011, p. 80) disserta que são **expressões culturais da diáspora negra** "capoeira, maracatus, jongos, maculelê, terreiros de candomblé, congadas, sambas, batuques, rodas de soul e funk**, nas quais as diversas maneiras de participar têm feito sentido e representam, para os segmentos negros da população, possibilidades de trocas e de sociabilidades **no processo de educação** de várias gerações." (grifos nossos).

foi colocado às margens da sociedade, sendo excluído. Porém, esse povo resiste para existir:

>Se a igualdade fosse cor?
>De Mahin nagô é raça
>Pra mordaça não vingar
>Tenho a resistência como ninho
>De Luiza o passarinho que se permitiu voar
>Certo que nego liberto, segura a mão do irmão
>Ê sangue malê, rebelião
>Ilê meu São Salvador
>Salva a dor dessa gente escrava, dolente
>Que não se entrega não
>Quebra a corrente
>
>Sei do meu valor
>Não me bote preço não, bote não senhor
>Que meu povo é bom de luta
>Alforria fez morada em meu peito
>É preto sim, meu legítimo direito
>Tremeu na casa grande o opressor
>Com o peso da palavra de um negro
>
>Quando um novo horizonte vive Meu povo é livre!
>Quem sou eu?
>O berro contra toda tirania
>Cabresto não segura poesia
>Enfim um canto forro ecoou
>Lute como um dia eu lutei
>Um sonho, tantas vidas, uma lei
>Meu lugar de fala
>Hoje favela, ontem senzala A chibata não cantou, kabô lerê Firma no batuquejê, Cubango!
>Uma história de bravura, testemunha da verdade Eu sou a voz da liberdade!

A canção enaltece a força do negro que, mesmo escravizado e excluído, resiste e luta contra a opressão, buscando a liberdade e um lugar em que possa falar e ser ouvido: "Meu lugar de fala / Hoje favela, ontem senzala". É importante que essas vozes não fiquem restritas a esses lugares apenas, mas que possam ecoar e ocupar outros espaços.

Associada ao conceito de lugar de fala, a obra da filósofa indiana Gayatri Spivak (2010), *Pode o subalterno falar?*, discute acerca da possibilidade de o sujeito subalterno falar. A proposta do ensaio está condicionada a um evento específico da cultura indiana, o sacrifício das viúvas satis, que seriam salvas de sua ignorância pelos colonizadores ingleses:

> A viúva hindu sobe à pira funerária do marido morto e imola-se sobre ela. Esse é o sacrifício da viúva – a transcrição convencional da palavra sânscrita para viúva era sati. [...] O ritual não era praticado universalmente e não era relegado a uma casta ou classe. A abolição desse ritual pelos britânicos foi geralmente compreendida como um caso de "homens brancos salvando mulheres de pele escura de homens de pele escura". As mulheres brancas – desde os registros missionários britânicos do século 19 até Mary Daly – não produziram uma interpretação alternativa. Em oposição a essa visão está o argumento indiano nativo – uma paródia da nostalgia pelas origens perdidas: "As mulheres realmente queriam morrer." As duas sentenças vão longe na tentativa de legitimar uma à outra. Nunca se encontra o testemunho da voz consciência das mulheres. (Spivak, 2010, p. 94).

A questão do lugar de fala começa a emergir aí, no silenciamento testemunhal das próprias viúvas, que serviam apenas de objeto de reflexão moral do outro. No prefácio da obra de Spivak, Sandra Almeida discute o conceito de subalterno que, vindo dos estudos de Gramsci, está ligado a classes que são desfavorecidas da sociedade, que estão excluídas de todos os lugares de privilégio social, reconhecidas pelo pensador italiano na representação do proletariado (Almeida, 2010, p. 11).

Tayane Lino (2015), em seu artigo *O lócus enunciativo do sujeito subalterno: fala e emudecimento*, deixa evidente que não existe uma nomeação específica do sujeito subalterno, entretanto há um certo acordo com relação à sua finalidade, que pode ser observada como "a dominação de sujeitos e grupos em detrimento da supervalorização de outros", podendo se referir, de maneira geral, "a grupos marginalizados, a classes menos abastadas, enfim, a pessoas e grupos sem agência ou possibilidade de representação por seus status sociais", sendo vistos, pois, como "grupos marginalizados, com ausência de voz ou representatividade, em decorrência de seus status sociais" (Lino, 2015, p. 75-76).

José Carvalho (2001), no estudo *Olhar etnográfico e a voz subalterna*, relata que "a condição de subalternidade é a condição do silêncio" (Carvalho, 2001, p. 120). Dessa maneira, podemos perceber que o silenciamento faz parte da vida dos sujeitos subalternos. O autor mobiliza dois conceitos para mostrar as condições dos subalternos: *vertretung* e *darstellung*.[59] Na *vertretung*, a representação dos sujeitos subalternos é delegada a terceiros, enquanto na *darstellung* os sujeitos subalternos possuem um porta-voz. Em ambas as possibilidades há uma espécie de terceirização do ato representativo, continuando o sujeito na condição de emudecimento, representado por outras pessoas (Carvalho, 2001).

Maria Yazbek (2018), em seu livro *Classes subalternas e assistência social*, trabalha em uma perspectiva de inclusão social com os grupos sociais subalternizados, mostrando que esses sujeitos são "assistidos" em suas representações. A autora retrata a realidade do universo desses sujeitos,

> [...] marcado pela pobreza, exclusão e subalternidade, pela revolta silenciosa, pela humilhação, pelo ressentimento, pela fadiga, pela crença na felicidade das gerações futuras, pela alienação, pela resistência e pelas estratégias para melhor sobreviver, apesar de tudo. (Yazbek, 2018, s/p).

Yazbek (2018) critica o modelo social estatal que perpetua as condições de empobrecimento e vulnerabilidade social. Segundo a autora, o modelo capitalista que padroniza o "desenvolvimento" resulta em acumulação e miséria. Essa condição miserável é resultante de uma organização social,

---

[59] Carvalho (2001) mobiliza os conceitos de Marx e Spivak para definir dois modelos de representação em que terceiros agem em prol dos sujeitos subalternos. Assim, *vertretung* corresponde à representação como uma procuração passada a terceiros, típica da representação política das minorias diante do Estado; e a *darstellung* é a representação como um modo de retratar os sujeitos representados por seu porta-voz, que também deve se autorrepresentar como sujeito histórico nesse processo, na medida em que precisa se identificar como membro da categoria genérica de seus representados. "No caso da Vertretung, assistimos ao dilema constante das classes oprimidas de necessitarem de mediadores para que sejam consideradas atores legítimos de reivindicação. O subalterno carece necessariamente de um representante por sua própria condição de silenciado. No momento em que o subalterno se entrega, tão somente, às mediações da representação de sua condição, torna-se um objeto nas mãos de seu procurador no circuito econômico e de poder e com isso não se subjetiva plenamente. No capitalismo, o indivíduo que não controla os meios de produção se faz representar, não enquanto sujeito, mas enquanto um valor de troca. Paradoxalmente, sua legitimidade passa a ser dada por outra pessoa, que assume o seu lugar no espaço público, especializando-o como o lugar genérico do outro do poder." (Carvalho, 2001, p. 120).

política e econômica que se estrutura de forma estratégica para imobilizar o empobrecido nessas condições subalternas, perpetuando a pobreza. Os sujeitos pobres estão em condições de privação de bens sociais e capitais que são essenciais para preservar sua dignidade, levando-os a uma condição de sobrevivência: "apesar da diversidade de parâmetros utilizados para a determinação empírica da 'pobreza', a exclusão do usufruto da riqueza socialmente produzida configura-se como um de seus principais elementos definidores" (Yazbek, 2018, s/p). Dessa forma, a exclusão de determinados grupos se dá pela lógica capitalista, mantendo pessoas em condições desfavoráveis em relação aos demais, num modelo social que perpetua as diferenças, deixando sujeitos em condições de miséria e sem dignidade, negando para essa parcela direitos sociais[60] previstos na Constituição Federal de 1988 (Brasil, 1988).

Em sua discussão, Spivak (2010) aponta o fato de que intelectuais associados a um pensamento da esquerda sentem-se respaldados e legitimados para falar pelos outros e, por meio dessas narrativas, formular lugares e espaços de resistência. Mas esse ato de falar pelos outros perpetua a opressão e o silenciamento, mantendo o poder nas mãos e na voz daquele que fala, de modo que a autora alerta "para o perigo de se constituir o outro e o subalterno apenas como objeto de conhecimento por parte de intelectuais que almejam meramente falar pelo outro" (Almeida, 2010, p. 12-13). Luana Barossi (2017), no artigo *(Po)éticas da escrevivência*, aponta a distinção entre o pensamento da pesquisadora indiana Spivak e de outros intelectuais, como Foucault e Deleuze:

> [...] enquanto eles procuraram buscar uma história alternativa e não hegemônica (dar voz aos loucos, aos presos, aos marginalizados socialmente), ela alega que é necessário reler a história como foi escrita pela perspectiva dominante (tradicional e colonialista) de forma a determinar estratégias de desconstrução e só então "oferecer um relato de como uma explicação e uma narrativa da realidade foram estabelecidas como normativas" (SPIVAK, 2010, p. 48). Pois, de acordo com a autora, é necessário penetrar na codificação que produz a violência epistêmica para compreender (e desconstruir) seu projeto (Barossi, 2017, p. 27).

---

[60] "Art. 6º São direitos sociais a educação, a saúde, a alimentação, o trabalho, a moradia, o transporte, o lazer, a segurança, a previdência social, a proteção à maternidade e à infância, a assistência aos desamparados, na forma desta Constituição" (Brasil, 1988, s/p).

Nesse sentido, Barossi (2017) desenvolve uma discussão que resulta no reconhecimento da fala do intelectual, denominado de pós-colonial justamente por ver criticamente seu próprio papel de colonizador, como necessária para a promoção de mecanismos para que as pessoas que estão em condições de subalternidade possam falar e ser ouvidas de forma efetiva e plena, estabelecendo o agenciamento. Barossi (2017) aponta que um dos papéis do intelectual seria o de questionar o significado do sacrifício das viúvas-satis, apreender "o conjunto de códigos culturais envolvidos no ritual para que seja possível desconstruir os estereótipos criados sobre ele tanto pelos britânicos, quanto pelos intelectuais." (Barossi, 2017, p. 29).

Uma das formas de agenciamento possíveis é a educação crítica. Na apresentação do livro *Educação como prática da liberdade*, de Paulo Freire, Francisco Weffort (1967) observa que a educação é um dispositivo de mudança social, por meio dela o sujeito compreende os mecanismos sociais que perpetuam e reafirmam as desigualdades.

> Uma pedagogia da liberdade [...] tem suas exigências, e a primeira delas é exatamente o reconhecimento dos privilégios da prática. E este é particularmente o caso quando a própria elaboração teórica, em abertura à história, iluminada a urgência da alfabetização e da consciência das massas neste país em que os analfabetos constituem a metade de população e são a maioria dos pauperizados por um sistema social marcado pela desigualdade e pela opressão [...] (Weffort, 1967, p. 3).

Freire (1967) expõe que a consciência da massa é importante para a transformação social, alicerçada na criticidade e no empoderamento de sujeitos subalternizados. Por essa ótica, podemos entender que o conhecimento é um mecanismo de mudança social. O termo empoderamento, tão em voga nos discursos midiáticos hoje, é discutido por Joice Berth (2019), no livro *Empoderamento*. O termo[61] é muitas vezes criticado, pois "quando utilizamos esse neologismo, que significa, grosso modo, 'dar poder'" (Berth, 2019, p. 18), estamos sugerindo que o poder é algo que pode ser doado/concedido por um outro, este sim, dotado de poder.

---

[61] De acordo com *Dicionário Online de Português* [Dicio], o termo empoderamento significa: (1) "Ação de se tornar poderoso, de passar a possuir poder, autoridade, domínio sobre: processo de empoderamento das classes desfavorecidas"; (2) "[Por extensão] passar a ter domínio sobre sua própria vida; ser capaz de tomar decisões sobre o que lhe diz respeito: empoderamento das mulheres"; (3) "Ação ou efeito de empoderar, de obter poder". Disponível em: https://www.dicio.com.br/empoderamento/. Acesso em: 29 out. 2020.

> Diferentemente do que propuseram muitos de seus teóricos, o conceito de empoderamento é instrumento de emancipação política e social e não se propõe a "viciar" ou criar relações paternalistas, assistencialistas ou de dependência entre indivíduos, tampouco traçar regras homogêneas de como cada um pode contribuir e atuar para as lutas dentro dos grupos minoritários. (Berth, 2019, p. 21-22).

O empoderamento é um termo interseccional, que busca valorizar e respeitar as múltiplas representações históricas que envolvem questões estéticas, sociais, políticas, afirmativas e culturais em prol do coletivo. Berth aponta, nesse sentido, que:

> Quando assumimos que estamos dando poder, em verdade estamos falando na condução articulada de indivíduos e grupos por diversos estágios de autoafirmação, autovalorização, autorreconhecimento e autoconhecimento de si mesmo e de suas mais variadas habilidades humanas, de sua história, e principalmente de um entendimento quanto a sua posição social e política e, por sua vez, um estado psicológico perceptivo do que se passa ao seu redor. Seria estimular, em algum nível, a autoaceitação de características culturais e estéticas herdadas pela ancestralidade que lhe é inerente para que possa, devidamente munido de informações e novas percepções críticas sobre si mesmo e sobre o mundo em volta, e, ainda, de suas habilidades e características próprias, criar ou descobrir em si mesmo ferramentas ou poderes de atuação no meio em que vive e em prol da coletividade (Berth, 2019, p. 21).

Dessa maneira, o termo empoderamento pode ser compreendido como um instrumento de luta social. O indivíduo se empodera a partir da conscientização social, questionando qual lugar ele ocupa em uma sociedade, não deixando que mecanismos de opressão sejam perpetuados e sirvam como suporte para excluir determinados grupos. A luta por dignidade é em favor do coletivo, permitindo que os sujeitos lutem dentro dos seus grupos, fraturando relações de dominação e tirania. Equivale, assim, a "pensar em caminhos de reconstrução das bases sociopolíticas, rompendo concomitantemente com o que está posto, entendendo ser esta a formação de todas as vertentes opressoras que temos visto ao longo da História" (Berth, 2019, p. 23).

Fazendo um recorte histórico da palavra empoderamento, Berth (2019) recorre aos estudos de Rute Baquero e Bárbara Solomon e destaca a influência de Paulo Freire na elaboração do conceito, visto ter sido um dos primeiros a analisar a realidade de grupos oprimidos, na década de 1960, a partir de sua teoria da conscientização, compreendida "como prática para a libertação" e "estratégia de atuação de grupos oprimidos" (Berth, 2019, p. 38). Freire, observa Berth,

> [...] não acredita que é necessário dar ferramentas para que grupos oprimidos se empoderem; em vez disso, afirma que os próprios grupos subalternizados deveriam empoderar a si próprios, processo esse que se inicia com a consciência crítica da realidade aliada a uma prática transformadora. Sendo assim, ele refuta o paternalismo, que chama de forma dócil de subjugação. (Berth, 2019, p. 38).

O educador acreditava, assim, que o despertar consciente dos oprimidos faria com que eles próprios pensassem recursos para sua autonomia. Freire, alerta Berth (2019), não considerava em sua teoria a interseccionalidade de outras categorias dentro do sistema opressão, como gênero, por exemplo. Daí a importância de outras visões, como a de Gramsci, e o conceito de subalterno, já citado a propósito do texto de Spivak (Berth, 2019, p. 44).

Uma boa síntese sobre o conceito de empoderamento pode ser encontrada em Nelly Stromquist, citada por Berth:

> O empoderamento consiste de quatro dimensões, cada uma igualmente importante, mas não suficiente por si própria, para levar as mulheres a atuarem em seu próprio benefício. São elas a dimensão cognitiva (visão crítica da realidade), psicológica (sentimento de autoestima), política (consciência das desigualdades de poder e a capacidade de se organizar e se mobilizar) e a econômica (capacidade de gerar renda independente) (Stromquist *apud* Berth, 2019, p. 46-47).

Destacamos, aqui, a terceira dimensão, relacionada à questão política e que diz respeito à consciência que os subalternizados precisam ter das situações de opressão a que estão sujeitos e das formas de organização que as sustentam para que possam superá-las. A primeira parte da proposição tem relação objetiva com o que fundamentou a experiência educativa de

Freire, em seu projeto de uma educação libertadora, emancipatória e crítica, a consciência sobre a opressão e sobre as relações de dominação.

> É o empoderamento um fator resultante da junção de indivíduos que se reconstroem e desconstroem em um processo contínuo que culmina em empoderamento prático da coletividade, tendo como resposta as transformações sociais que serão desfrutadas por todos e todas. [...] partindo das reflexões de Paulo Freire, a consciência crítica é condição indissociável do empoderamento. (Berth, 2019, p. 54).

Desse modo, compreende-se que o empoderamento serve para conscientizar as pessoas em relação aos mecanismos de exploração e ao poder que a classe dominante exerce sobre a classe dominada, bem como sobre as múltiplas explorações. Portanto, o empoderamento é uma ferramenta essencial para a libertação dos indivíduos. É importante observar que ele serve para a coletividade, promovendo transformações sociais de forma efetiva e sendo de grande importância para o descortino de pessoas que estão em condições subalternas.

Como vemos, conceitos como lugar de fala, subalternidade e empoderamento podem e devem ser lidos em conjunto, na medida em que revelam formas emancipatórias de grupos marginalizados diante de opressões estruturais e históricas.

4.1 Análise da canção *Diário de um detento*, do álbum *Sobrevivendo no inferno*

A discografia *Sobrevivendo no inferno* é composta por 12 faixas, porém, a título de exemplo da força e da potencialidade educativa e pedagógica do rap, analisaremos somente a canção de número 12, *Diário de um detento*, que retrata um fato histórico e sangrento que aconteceu em São Paulo, no dia 2 de outubro de 1992, o massacre da casa de detenção do Carandiru. Essa canção foi um dos motivos da construção do álbum. Ressalto que o objetivo da presente pesquisa não é fazer a análise de todas as canções do disco, mas mostrar a riqueza poética dessa canção e suas subjetividades. Todas as canções do álbum possuem sua beleza estética e um apelo próprio para a reflexão sobre questões complexas e atuais. Entretanto, para fim analítico, foi escolhida apenas uma canção, a considerada mais emblemática e insurgente.

Oliveira (2018) observa que:

> Em 2 de outubro de 1992, São Paulo foi palco daquela que é considerada a mais violenta e brutal ação da história do sistema prisional brasileiro: o massacre do Carandiru, intervenção assassina da Polícia Militar do Estado de São Paulo que resultou na morte de 111 detentos, a maioria composta de réus primários, sem nenhuma chance de defesa. Extermínio puro e simples que até hoje não foi reconhecido pelo Estado enquanto tal – documentos oficiais tratam o episódio como "rebelião" ou "motim" do Pavilhão 9 (Oliveira, 2018, p. 19).

Outros fatores também foram determinantes para a construção da discografia que, após 21 anos, se transformou em uma respeitada obra literária. Oliveira (2018) observa mais dois eventos violentos e sangrentos que foram base para a elaboração do disco.

> Num intervalo de poucos meses, o país foi palco de mais dois massacres que chocaram o mundo. Em 23 de julho de 1993, quatro policiais militares dispararam contra cerca de cinquenta crianças e adolescentes em situação de rua que dormiam nas escadas da igreja da Candelária, no Rio de Janeiro, deixando oito mortos e dezenas de feridos, num episódio que ficou conhecido como chacina da Candelária. E apenas um mês depois, em 29 de agosto de 1993, mais trinta policiais militares encapuzados e sem uniforme assassinaram friamente 21 pessoas na chacina do Vigário Geral. Ao contrário do que afirmou a PM, nenhum dos mortos possuía ligação comprovada com o tráfico (Oliveira, 2018, p. 19).

As diversas tragédias que ocorreram em um curto intervalo temporal só endossavam que o genocídio ocorrido na casa de detenção do Carandiru não havia sido um acidente, pelo contrário, foi uma ação intencional e programada. Esses eventos sanguinários são um verdadeiro projeto estatal, que se efetivou por meio de uma forte violência homicida. Essa violência contra os sujeitos em privação de liberdade nada mais é do que uma herança escravocrata, que foi aprimorada na ditadura (Oliveira, 2018).

A canção *Diário de um detento* possui oito minutos, aqui, faremos recortes na canção para fim analítico e/ou interpretativo. Ela foi dividida em 24 fragmentos. A reescritura da letra teve como suporte o livro *Sobrevivendo no inferno*, do professor Acauam Silvério de Oliveira (2018). A letra também foi analisada com base em dados interpretativos do educador Thiago Torres, vulgo Chavoso da USP.

> São Paulo, dia primeiro de outubro
> De mil novecentos e noventa e dois
> Oito horas da manhã
> Aqui estou mais um dia
> Sob o olhar sanguinário de um vigia
> Você não sabe como é caminhar
> Com a cabeça na mira de uma HK
> Metralhadora alemã ou de Israel
> Estraçalha ladrão que nem papel

O trecho da canção começa com uma narrativa, a sonoridade no fundo causa uma tensão. No caso, a narrativa acontece um dia antes do massacre (massacre da Casa de Detenção do Carandiru, ocorrido no dia 2 de outubro de 1992). Observa-se que o autor retrata a história de um detento. No cárcere, a vigilância é constante, e os presos estão constantemente com a cabeça sob a mira de uma arma (metralhadora), que pode ser acionada a qualquer momento pelos policiais, que são tratados na canção como vigias, possuem um olhar sanguinário e estão prontos para atirar. Essas armas têm poder de derrubar helicópteros e aeronaves (antiaéreos) e, se acionadas contra os presos, podem estraçalhá-los como uma simples folha de papel.

> Na muralha em pé, mais um cidadão José
> Servindo um Estado, um PM bom
> Passa fome, metido a Charles Bronson

Nesse trecho, o cidadão José é a representação do servidor assalariado do Estado, no caso, a Polícia Militar (PM). Esse indivíduo é apenas mais uma engrenagem do Estado, que trabalha e ganha um salário insuficiente, nesse contexto, passa até fome. No segmento, pode-se observar a comparação do PM como o ator norte-americano Charles Bronson, que, nos filmes, faz papel de policiais com o desejo de matar, como se a ação homicida colocasse ordem no cárcere. O PM é visto como um indivíduo que perpetua ações repressivas ordenadas pelo Estado.

> Ele sabe o que eu desejo
> Sabe o que penso
> O dia tá chuvoso, o clima tá tenso
> Vários tentaram fugir, eu também quero
> Mas de um a cem, a minha chance é zero

O indivíduo em cárcere pensa em fugir, no entanto os agentes conhecem esse desejo e sabem que o detento pensa nessa possibilidade. O dia está chuvoso em São Paulo (terra da garoa), o clima está tenso. Essa tensão é vivenciada no cárcere diariamente, pois o ambiente é organizado para manter essa tensão que contribui para a dominação dos presos, visto que a dominação é um dispositivo de poder.

> Será que Deus ouviu minha oração?
> Será que o juiz aceitou a apelação?

Nessa passagem, pode-se observar que a fé é parte do cotidiano desses indivíduos e que o detento usa a fé para pedir a Deus que o juiz possa julgar sua sentença de forma mais abrandada para que ele possa alcançar ("cantar") sua liberdade. De forma bem subjetiva compreende-se que o juiz tem o papel de Deus no cárcere, pois é o profissional responsável para executar os julgamentos (representante do Estado) e, sendo assim, a vida em liberdade ou em reclusão é sentenciada pelo juiz.

> Mando um recado lá para meu irmão:
> Se tiver usando droga, tá ruim na minha mão
> Ele ainda tá com aquela mina
> Pode crê o moleque é gente fina

Nesse trecho, fica explícito o contato dos detentos com as pessoas que estão "do lado de fora", ou seja, na rua, em liberdade. O detento manda um recado para seus parceiros "irmãos" ("Se tiver usando droga tá ruim na minha mão"), é um "recado dado", pois os usuários de drogas podem desandar na caminhada do crime, caso se viciem em drogas, principalmente, pedra-crack (comprar e não pagar. Essa ação é chamada de derrame na biqueira e sua sentença é a morte). Geralmente quem trafica não usa, para não dar prejuízo (derrame) na biqueira (ponto de venda de drogas). No trecho, há referência ao irmão que está tranquilo, pois está namorando com uma "mina" e é "gente fina", mas o recado foi dado, caso aconteça algum deslize, a regra é a mesma para todos e o traficante não polpará o "vacilão", o "papo" ou "comando" foi dado.

> Tirei um dia a menos, ou um dia a mais, sei lá
> Tanto faz, os dias são iguais
> Acendo um cigarro e vejo o dia passar
> Mato o tempo para ele não me matar

Nessa passagem, o detento fica confuso e não sabe se conta como um dia a menos ou um dia a mais dentro da prisão, ele perde a noção dos dias, pois a rotina é a mesma e faz com que os dias sejam iguais. Na prisão, as possibilidades são limitadas, logo o detento acende um cigarro e vê o dia passar, na intenção de que o tempo passe rapidamente e isso represente um dia a menos dentro da prisão (no cárcere, o cigarro [vulgo careta] é usado como moeda de troca).

> Homem é homem, mulher é mulher Estuprador é diferente, né?
> Toma soco toda hora, ajoelha e beija os pés E sangra até morrer na rua dez

Nessa passagem, fica evidente que os papéis são delimitados no cárcere. Fica subentendido que existe pena (reclusão) para homens e para mulheres que cometeram crimes.

Por meio do trecho "Estuprador é diferente, né?", percebe-se que o crime de estupro não é perdoado pelos presos (a pena é a morte). Algumas narrativas são preconceituosas, no entanto são sustentadas por muitos e fazem parte do senso comum. Na ideia de que "estuprador vira mulherzinha na cadeia", o termo "virar mulher" surge no sentido de ser violentado sexualmente. Esse dito popular é carregado de preconceitos, pois a mulher é vista apenas como um objeto sexual. O estuprador e as pessoas que cometem crimes contra crianças recebem um tratamento violento por parte dos presos, muitas vezes são espancados e mortos. A rua dez refere-se a um corredor no presídio (as alas e/ou pavilhões são organizados[as] por números ou por letras). O pavilhão dez é um lugar distante dos outros e lá acontecem os "acertos de contas". Os próprios detentos são responsáveis pelos julgamentos e pela aplicação das sentenças, que, no caso dos crimes de estupro, é a morte. Nesse caso, a "justiça" é feita em forma de vingança.

> Cada detento, uma mãe, uma crença
> Cada crime, uma sentença
> Cada sentença, um motivo, uma história
> De lágrimas, sangue, vidas e glórias
> Abandono, miséria, ódio, sofrimento
> Desprezo, desilusão, ação do tempo
> Misture bem essas químicas
> Pronto: eis um novo detento

Apesar da situação de privação de liberdade, cada preso tem suas individualidades. Cada detento tem sua mãe, sua crença, uma sentença e um motivo específico que ocasionou a execução do crime. O sofrimento do preso é visto de forma bem peculiar, sendo assim, alguns sentimentos como abandono, desprezo e desilusão são temas centrais do cárcere. Portanto, refletem-se diretamente no sofrimento, em lágrimas e na ação do tempo. Essa diversidade de sentimentos gera um novo detento, que se revolta contra o sistema.

> Lamento no corredor, na cela, no pátio
> Ao redor do campo, em todos os cantos,
> Mas eu conheço o sistema meu irmão
> Aqui não tem santo
> Ratatatá, preciso evitar
> Que um safado faça minha mãe chorar
> Minha palavra de honra me protege
> Para viver no país das calças bege

Os lamentos dos presos, por estarem nessas condições de privação de liberdade, tomam todos os lugares. Na letra, existe uma crítica velada contra o sistema (mas eu conheço o sistema meu irmão). Ao mesmo tempo e de forma dicotômica, há uma crítica contra o detento (aqui não tem santo), ou seja, fica explícito que ali os detentos são responsabilizados pelos seus crimes. Assim, certas condutas devem ser evitadas para que sua mãe não chore pela sua morte e a palavra de honra do detento é um meio de proteção e sobrevivência, pois viver no país das calças bege (uniformes dos detentos) é um ato de sobrevivência diária. As condutas dos detentos precisam estar alinhadas com as "leis e os procederes" instaurados pelos presos; quem não segue, morre. A mãe de quem morreu irá chorar.

> Tic, tac, ainda é nove e quarenta
> O relógio na cadeia anda em câmera lenta.

O tic-tac remete à sonoridade de um relógio de parede. O tempo demora a passar nesse ambiente, que segue uma rotina cotidiana e institucional.

> Ratatatá, mais um metrô vai passar
> Com gente do bem, apressada, católica

> Lendo jornal, satisfeita, hipócrita
> Com raiva por dentro, a caminho do centro
> Olhando pra cá, curiosos, é lógico
> Não, não é, não, não é zoológico
> Minha vida não tem tanto valor
> Quanto seu celular, seu computador

A palavra ratatatá lembra o som de um metrô passando sobre um trilho. Existe uma estação do metrô em São Paulo chamada Carandiru, que passava ao lado da casa de detenção. A canção traz a descrição das pessoas que estão indo em direção ao centro (indo para o trabalho) com pressa e são pessoas do bem. As pessoas estão lendo um jornal e fingem estar satisfeitas, entretanto são hipócritas e estão com raiva por dentro. Elas passam, visualizam o presídio e ficam curiosas, olhando lá para dentro, vendo os detentos enjaulados, o que remete à ideia de um zoológico onde os animais estão enjaulados. No trecho, infere-se sobre o valor da vida de um detento que, possivelmente, tem menos valor do que um celular ou computador. Ou seja, a vida desses sujeitos é desvalorizada, tendo seu valor comparado ao de objetos materiais.

> Hoje tá difícil não saiu o sol
> Hoje não tem visita, não tem futebol
> Alguns companheiros têm a mente mais fraca
> Não suporta o tédio, arruma quiaca

Geralmente, em dias não ensolarados, em que pode chover, as visitas são suspensas e não há atividades de lazer no presídio, pois muitos pátios não são cobertos, de modo que os presos e as visitas ficam expostos, debaixo de chuva e de sol. Alguns presos, por não entenderem essa situação, arrumam quiaca (brigas, confusões), com a intenção de se rebelarem contra o sistema prisional devido às condutas adotadas internamente.

> Graças a Deus e à Virgem Maria
> Faltam só um ano, três meses e alguns dias
> Tem uma cela lá em cima fechada
> Desde terça-feira ninguém abre pra nada
> Só o cheiro de morte e Pinho Sol
> O preso se enforcou com um lençol

> Qual que foi? Quem sabe não conta
> Ia tirar mais uns seis de ponta a ponta
> Nada deixa um homem mais doente
> Que o abandono dos parentes

No trecho em análise, o detento agradece a Deus e à Virgem Maria, um agradecimento protestante e católico ao mesmo tempo. Na canção, o trecho "a cela lá em cima" refere-se à solitária, lugar destinado aos presos que infringiram as regras do cárcere, que também é chamado de "seguro". Os trechos "Desde terça-feira ninguém abre", "um preso se enforcou com um lençol" (Tereza) e tem "cheiro de morte e Pinho Sol" (produto químico usado pelos presos para fazer a higiene da cela e que, provavelmente, foi usado nessa situação para amenizar o odor ruim de morte) desenham o cenário de morte. Os cheiros se misturam (morte e Pinho Sol) e a cela está fechada pelo odor desagradável de morte (putrefação), tornando-se um lugar insalubre para a permanência de um ser humano. O preso que se matou iria ficar mais seis anos no cárcere e a música sugere que essa situação, aliada ao fato de ter sido abandonado pela família, pode ter levado ao ato de autoextermínio.

> Aí, moleque, me diz, então: cê quer o quê?
> A vaga tá lá esperando você
> Pega todos seus artigo importado
> Seu currículo do crime e limpa o rabo
> A vida bandida é sem futuro
> Sua cara fica branca desse lado do muro Já ouviu falar em Lúcifer?
> Que veio do inferno com moral?
> Um dia no Carandiru, não ele é só mais um
> Comendo rango azedo com pneumonia

A letra da canção traz um alerta para que o moleque deixe a vida criminosa e siga uma vida profissional. Todos os artigos importados e currículos do crime não têm valia quando um indivíduo vai para a cadeia, a expressão "limpar o rabo" deixa evidente a insignificância desses bens e do currículo criminoso, que são apagados no cárcere. Ainda existe um alerta de que a vida criminosa/bandida é sem futuro, ou seja, não leva ninguém a lugar nenhum. A expressão "a cara branca desse lado do muro" faz uma alusão ao sujeito que está em privação de liberdade, fazendo-nos inferir que o indivíduo pode ficar com a cara branca por estar assustado com a vida na cadeia. Portanto, o cárcere não é como a maioria das pessoas pensam, estar ali é uma luta diária pela sobrevivência. Nos próximos versos, o rap traz uma espécie de sátira sobre Lúcifer (visto como o demônio mais poderoso), o trecho reforça as dificuldades vividas no Carandiru que, comparado ao inferno, não é nada, já que, se Lúcifer ali estivesse, seria considerado apenas mais um. Nesse trecho, fica subentendido que, no Carandiru, mesmo Lúcifer seria apenas mais um no meio de tantos e não receberia tratamento diferenciado por sua periculosidade, pelo contrário, ele estaria doente com pneumonia e se alimentando de comida azeda.

> Aqui tem mano de Osasco, do Jardim de D'Abril
> Parelheiros, Mogi, Jardim Brasil
> Bela Vista, Jardim Ângela, Heliópolis
> Itapevi, Paraisópolis
> Ladrão sangue bom tem moral na quebrada
> Mas pro Estado é só um número, mais nada
> Nove pavilhões, sete mil homens
> Que custa trezentos reais por mês cada

O MC começa narrando as localidades (quebradas) dos manos que estão no Carandiru, há manos de todas as quebradas. O ladrão sangue bom (que segue o procedê) é visto com respeito em suas comunidades (quebradas). Todavia, para o Estado, ele é apenas um número entre os sete mil presos em nove pavilhões no Carandiru e é custeado pelo Estado com apenas 300 reais por mês.

> Na última visita o Neguinho veio aí
> Trouxe umas frutas, Malboro, Free
> Ligou que um pilantra lá da área voltou
> Com Kadett vermelho, placa de Salvador
> Pagando de gatão, ele xinga, ele abusa
> Com uma nove milímetro debaixo da blusa

Nessa passagem, o detento recebe a visita do Neguinho, que leva frutas e cigarros (kit de visita), o cigarro é uma moeda de troca dentro das penitenciárias. Além de levar esses presentes, o Neguinho também traz notícias da quebrada e avisa que um pilantra da área voltou, chegou na favela com um Kadett vermelho com placa de Salvador (carro admirado pelos traficantes, assim como o Golf, ambos os carros são conhecidos como carro de bandido). O Kadett provavelmente foi roubado, pois estava com a placa de outro estado. O pilantra chegou na quebrada "tirando onda e viajando", com um revólver debaixo da blusa na intenção de tentar intimidar os outros moradores da comunidade.

> Aí Neguinho, vem cá, e os manos onde é que tá? Lembra desse cururu que tentou me matar?
> Aquele puto é ganso, pilantra, corno manso
> Ficava muito doido e deixava a mina só
> A mina era virgem e ainda era menor
> Agora faz chupeta em troca de pó

Nesse trecho, há um diálogo entre o detento e o Neguinho. O detento pergunta sobre os manos da quebrada e sobre aquele cururu (gíria paulista para designar um homem bobo, trouxa e pouco esperto). O Neguinho responde, endossando ao mesmo tempo a gíria que foi atribuída ao dono do Kadett vermelho e dizendo que ele ficava muito doido (sob efeito de drogas) e deixava sua namorada só. A namorada que, na época relatada por Neguinho, era menor de idade e virgem; hoje, dependente de drogas, consegue alimentar seu vício em troca de favores sexuais, pois "faz chupeta" (sexo oral) "em troca de pó" (cocaína), ou seja, representa uma menina que recorre à prostituição para sustentar seu vício.

> Esse papo me incomoda
> Se eu tô na rua é foda
> É, e o mundo roda, ele pode vir pra cá
> Não, já, já meu processo tá aí
> Eu quero mudar, eu quero sair
> Se eu trombo esse fulano, não tem pá, não tem pum E eu vou ter que assinar um cento e vinte um

O detento relata que as informações trazidas pelo Neguinho e a conversa dos dois o deixam desconfortável e revela que, se ele estivesse em liberdade (na rua), a conduta do dono do Kadett e da mina usuária poderia ser outra. O Neguinho diz que o mundo dá voltas e que o "cara" poderia "cair" na cadeia, ficando exposto a algum tipo de vingança. Diante dessa possibilidade, o detento se opõe, afirmando que quer mudar de vida, sair do cárcere e da criminalidade. Ao mesmo tempo, retoma dizendo que se encontrasse esse fulano (trombar), não haveria perdão e poderia ocorrer um homicídio (assinar um 121 – artigo do Código Penal que discorre sobre o homicídio).

> Amanheceu com sol, dois de outubro
> Tudo funcionando, limpeza, jumbo
> De madrugada eu senti um calafrio
> Não era do vento, não era do frio
> Acerto de contas tem quase todo dia
> Ia ter outro logo mais, hã, eu sabia
> Lealdade é o que todo preso tenta
> Conseguir a paz de forma violenta
> Se um salafrário sacanear alguém
> Leva ponto na cara igual Frankenstein

Nesse trecho da canção, temos a referência ao dia 2 de outubro, dia do massacre. Ele surge como um dia que amanheceu ensolarado, em que tudo estava funcionando normalmente, limpeza e jumbo (kits entregues para os presos, que contêm mantimentos, cigarro e produtos de higiene pessoal) ocorreram como previsto. À noite, o detento sentiu um calafrio e teve um arrepio, porém não era do vento e nem do frio, ele estava "pressentindo" o fato que ocorreria, o massacre do Carandiru. Ele enfatiza que, no cárcere, há acertos de contas quase todos os dias. Nos presídios, os detentos prezam pela lealdade, fundamental para um bom convívio entre eles, mesmo que essa (paz) seja implementada de forma violenta contra aqueles que desobedecem às ordens impostas pelos detentos. Os insubordinados "Leva ponto na cara igual o Frankenstein". Isso significa dizer que a pessoa que não segue as ordens pode ser agredida e ficar com a face desconfigurada pela agressão.

> Fumaça na janela, tem fogo na cela
> Fudeu, foi além, se pã, tem refém
> A maioria se deixou envolver
> Por uns cinco ou seis que não têm nada a perder
> Dois ladrões considerados passaram a discutir
> Mas não imaginavam o que estava por vir
> Traficantes, homicidas, estelionatários
> Uma maioria de moleque primário

O trecho mostra o início da confusão, tem "fumaça na janela e fogo na cela", elementos que fazem parte de situações que configuram casos de rebelião. O tumulto foi iniciado pelo desentendimento entre dois detentos (ladrões), que eram considerados (respeitados) dentro do Carandiru. A canção traz a figura de um narrador que observa que o desentendimento foi além do esperado e acredita que a situação acabou envolvendo um refém, mostrando-se bastante grave. No cárcere, há pessoas que não têm nada a perder, e foi esse grupo que iniciou o motim. Fica ressaltado que aquele ambiente é hostil, com a presença de traficantes, homicidas e estelionatários, no entanto existem réus-primários, ou seja, pessoas encarceradas pela primeira vez.

> Era a brecha que o sistema queria
> Avise o IML, chegou o grande dia
> Depende do sim ou não de um só homem
> Que prefere ser neutro por telefone
> Ratatatá, caviar e champanhe
> Fleury foi almoçar, que se foda a minha mãe
> Cachorros assassinos, gás lacrimogêneo
> Quem mata mais ladrão ganha medalha de prêmio

A canção é categórica ao dizer que essa situação era esperada pelo sistema (Estado), era a brecha para fazer um "mar de sangue". O IML, instituição policial que, entre suas atribuições, executa o exame necroscópico (exame no cadáver), para saber a causa mortis, precisa ser avisado, pois haverá muitos corpos para examinar. O massacre "seria autorizado" pelo, na época, governador do estado de São Paulo (Luiz Antônio Fleury). A canção sugere que, mesmo com a tensa situação, o governador Fleury foi almoçar, não se importando com a grave situação estabelecida no Carandiru, pelo contrário, seu almoço do dia foi regado com caviar e champanhe para comemorar a situação efervescente (contexto analisado de acordo com o trecho da canção). A PM é referida como cachorros assassinos, que, ao invadir o complexo do Carandiru, usou gás lacrimogênio e, ao executar em massa, ganhava medalhas de prêmio (honraria para o PM que matasse mais, ele seria condecorado).

> O ser humano é descartável no Brasil
> Como Modess usado ou bombril
> Cadeia guarda o que o sistema não quis
> Esconde o que a novela não diz

Os seres humanos (nesse contexto, trata-se dos detentos) são descartáveis como absorventes e palha de aço. O cárcere é lugar de despejo, lugar destinado às pessoas que não são viáveis ou não possuem importância para o Estado, não são produtivas para o capitalismo. A novela é tratada como formadora de opinião das massas, e não mostra a realidade das penitenciárias brasileiras.

> Ratatatá, o sangue jorra como água
> Do ouvido, da boca e nariz
> O Senhor é meu pastor, perdoe o que seu filho fez
> Morreu de bruços no salmo 23
> Sem padre, sem repórter
> Sem arma, sem socorro
> Vai pegar HIV na boca do cachorro
> Cadáveres no poço, no pátio interno
> Adolf Hitler sorri no inferno
> O Robocop do governo é frio, não sente pena Só ódio e ri como a hiena

Na canção, a situação violenta e sangrenta que está ocorrendo no Carandiru apresenta-se por meio de um narrador que observa sangue jorrando dos orifícios dos detentos (foram 111 mortos e centenas de feridos). O eu lírico pede perdão dos seus pecados e morre de bruços no Salmo 23 (sinaliza emboscada, tiro pelas costas), visto que nem a proteção divina foi capaz de salvá-lo. O Salmo citado é comumente lido em velórios de pessoas religiosas. Nesse momento, o detento está em decúbito ventral, pois foi atingido na "trairagem", pelas costas. Essa cena representa que os presos morreram sem direito a socorro. O fragmento "vai pegar HIV na boca do cachorro" é uma referência à situação precária que ocorria no cárcere nos anos 1990, época em que vários detentos positivaram para HIV e ainda não existia tratamento eficaz para a doença, de modo que muitos morriam em decorrência dessa patologia viral.

O narrador cita que Adolf Hitler está sorrindo no inferno, assistindo ao massacre sangrento (Hitler foi líder da Alemanha Nazista e comandou o massacre de milhares de judeus durante a Segunda Guerra Mundial, na intenção de perpetuar uma "raça pura"). A PM é vista, metaforicamente, como um Robocop frio, pois age mecanicamente a mando do Estado, sente ódio ao matar e ri como uma hiena, debochando das mortes que aconteceram friamente no dia 2 de outubro de 1992.

> Ratatatá, Fleury e sua gangue
> Vão nadar em uma piscina de sangue
> Mas quem vai acreditar no meu depoimento? Dia três de outubro, diário de um detento

Fleury e sua gangue, como retrata a canção, não estão preocupados com o ocorrido, vão nadar em uma piscina de sangue de 118 mortos no massacre. O eu lírico diz que ninguém acreditará em seu depoimento e, no dia seguinte, as mídias retratarão o diário de um detento, contando o acontecimento de modo a apagar e silenciar o contexto e a violenta história homicida que foi autorizada pelo estado de São Paulo.

Oliveira (2018) observa que a discografia *Sobrevivendo no inferno* foi, progressivamente, sendo reconhecida

> [...] como uma das grandes obras-primas da música popular brasileira. Pode-se dizer que neste trabalho, lançado pela produtora independente Cosa Nostra, criada pelos próprios Racionais, o grupo alcança sua maturidade estética e crítica. Essa nova maneira de tematizar o cotidiano periférico teria impacto em vários segmentos artísticos, como a literatura, o teatro, o cinema e a televisão, tornando o grupo uma espécie de vetor para as mais diversas produções artísticas da periferia. O gradual reconhecimento do valor estético e cultural da obra levou também a um crescente interesse acadêmico, que se faz multiplicar em teses, artigos e dissertações. Mais recentemente, a obra entrou na lista de leituras obrigatórias de um dos mais prestigiados vestibulares do país. Em 2015, por ocasião da visita do Papa Francisco ao Brasil, o então prefeito de São Paulo ofereceu o disco como presente do município ao sumo pontífice (Oliveira, 2018, p. 22).

A obra escrita pelo professor Acauam de Oliveira é leitura obrigatória para o vestibular da Unicamp, 2020. Ela foi adotada com a intenção de aproximar a academia da periferia, ao mesmo tempo que permite refletir sobre questões sociais emergentes, como política, relações sociais e desigualdades, além de mostrar o outro lado das comunidades periféricas.

5
CONSIDERAÇÕES FINAIS

O objetivo dessas considerações finais não é apenas retomar questões discorridas ao longo do que foi descrito ao longo dos demais capítulos, isso faz parte. Todavia, além de apresentar alguns pontos metodológicos, a fala de uma aluna irá fazer parte do enredo dessas últimas escritas.

O primeiro ponto retoma a análise de alguns capítulos da obra, visando responder aos objetivos que foram propostos no início deste estudo. Para isso, buscamos refletir como o gênero musical rap dialoga com as subjetividades periféricas. Sendo assim, os capítulos foram escritos para responder algumas questões que me deixavam desconfortável durante minhas reflexões pedagógicas e epistemológicas. Evidencio que jamais conseguiremos explorar todo o referencial teórico no qual esta obra se apoiou (não sendo a intenção em nenhum momento). Portanto, algumas lacunas ainda poderão ser estudadas e, consequentemente, respondidas em estudos vindouros. Abro os caminhos e planto as sementes, espero que outros venham colhendo frutos e plantando novas sementes, promovendo novas abordagens que rompam com as desigualdades educacionais e fomentem as diferenças nos espaços escolares.

Dessa maneira, o primeiro capítulo, *Introdução*, fez uma abordagem geral e panorâmica do movimento cultural hip-hop. Nesse capítulo, também foram abordadas questões reflexivas que contam o "corre" do autor.

O segundo capítulo, *Cultura hip-hop e rap*, teorizou sobre o movimento hip-hop, mostrando que ele se subdivide em cinco pilares que sustentam essa cultura periférica, sendo eles: o MC, mestre de cerimônia que é responsável por cantar de forma poética e ritmada o rap, levando a mensagem para os ouvintes; o DJ, disc-jóquei, promove a sonoridade para as canções, que pode ser de forma rítmica e algumas vezes desordenada; o break, uma expressão corporal por meio das danças (coreografias artísticas); o Grafite, que é expresso nas ruas, no ambiente urbano, que pode carregar mensagens por meio de signos – semióticas. O quinto elemento, o conhecimento, permeia todas as quatro vertentes citadas anteriormente. Esse movimento cultural ganhou forças nos Estados Unidos, porém suas gêneses são africanas.

O terceiro capítulo, *Periferia: sujeitos periféricos e minorias*, discorre sobre as periferias de forma plural, acionando recortes sociais, econômicos e políticos. Mostra a realidade dos moradores das quebradas (periferias) e como se dá sua atuação nesses espaços, geralmente criminalizados e relegados pelo poder estatal. A partir disso, os moradores das periferias ressignificam o que é ser periférico, um dado orgulho se constrói nessa conjuntura, acontecendo uma mudança de paradigmas.

O quarto capítulo, *Lugar de fala: o que é e por quê*, disserta sobre o lugar de fala do sujeito marginalizado, afirmando que esse lugar não precisa ser intermediado pelos outros. O sujeito periférico precisa ter oportunidade para que sua voz ecoe e incomode as pessoas que são contra as justiças sociais. Dessa maneira, assumir esse lugar é, antes de tudo, um ato político que transcende as periferias, chegando em outros espaços e ganhando notoriedade.

A construção dos quatro capítulos se deu mediante análise de obras de autores(as) negros(as) e latinos(as). Essa organização foi essencial para que se possa dar notoriedade às produções acadêmicas desses(as) estudiosos(as). É sobre a ancestralidade que constrói esse pensamento.

Para arquitetar a construção deste livro, compreendendo o que me levou a construir esta obra, rememorei uma série de questões que perpassam o campo acadêmico e vão além de um livro, de uma pesquisa. Trata-se de utopias, epistemologias, fraturas, afetos, partilhas, evoluções, conquistas, construções, (des)construções, (re)construções e, além de tudo, ressignificações. Há uma série de nuances que transcendem a escrita desta obra. Escrevo esta seção com os olhos marejados, em um "mix" de emoções, uma delas é de dever cumprido, é saber que, em breve, um "menino" que já foi catador de papel e sucatas publicará seu livro, um sonho de infância.

O que busquei aqui refletir está intimamente relacionado à alfabetização da Dona Marisa Lago (minha mãe), em 2004. É sobre a minha mãe, que se alfabetizou com minha ajuda, no antigo supletivo. Naquele momento, descobri o gosto pela educação, percebi que ali estava a mudança de paradigmas, entendi que só a educação liberta e muda um destino, mesmo que seu sujeito esteja predestinado à marginalidade.

É nos espaços periféricos, meus *locus* de nascimento e morada, que me construo e me forjo como escritor. Ser escritor, nesses espaços, não tem relação com o domínio de um linguajar acadêmico rebuscado, muito menos com o domínio normativo teórico. Ser escritor, nesses espaços, é ter humildade e saber modular o discurso para que a informação chegue de forma objetiva e harmônica e que as pessoas que não tiveram acesso à educação consigam compreender a letra dada. Essas escritas foram pensadas com muito cuidado. Tento aproximar a periferia da academia e a academia da periferia, compreendendo que é preciso estabelecer um processo dialógico entre ambas, os conhecimentos periféricos/marginais precisam, de forma emergente, ser legitimados como epistemologias.

Não me esqueço da fala de uma aluna da quebrada, Aline de Jesus:

> Oh, Jonas, você não sabe como você foi na minha vida, tipo assim: olha assim, chegava em casa, falava assim: véi, o cara é da minha idade, o cara tá fazendo mestrado, mãe! O cara tá fazendo mestrado e daqui a pouco vai fazer doutorado e virar doutor! O cara é da favela! [...]. Oh, véi, te admiro demais, você é muito dedicado [...] Oh, véi, eu lembro que eu ficava a madrugada estudando por causa de você, véi. Você é inspiração para os favelados. Eu ainda vou ouvir falar muito de você na vida, vou dizer que você foi meu professor para todo mundo e com muito orgulho. Aonde que eu chegar, com certeza, seu nome vai.

E, dessa forma, sigo tentando fazer a diferença na vida de outras pessoas, deixando um pouco de mim e internalizando um pouco de cada um. Sigo lutando por uma educação que se oponha a qualquer forma de segregação, opressão e preconceito. Resistir para existir...

REFERÊNCIAS

ABRAMO, Bia. Orelha. *In:* ROCHA, Janaina; DOMENICH, Mirella; CASSEANO, Patrícia. **Hip hop:** a periferia grita. São Paulo: Fundação Perseu Abramo, 2001. Disponível em: https://fpabramo.org.br/publicacoes/estante/hip-hop-a-periferia-grita/. Acesso em: 19 nov. 2023.

ADL; CHOICE; DJONGA; CHAPA, Menor do; LI, Negra. **Favela vive III**. São Paulo: Gravadora independente, 2018. Disponível em: https://www.youtube.com/watch?v=avbOUVHr0QI. Acesso em: 15 jul. 2023.

ALESSI, Gil. Entenda o que é a PEC 241 (ou 55) e como ela pode afetar sua vida. **El Pais,** São Paulo, 13 dez. 2016. Disponível em: https://brasil.elpais.com/brasil/2016/10/10/ politica/1476125574_221053.html. Acesso em: 1 jul. 2023.

ALMEIDA, Sandra Regina Goulart. Apresentando Sivak. *In:* SPIVAK, Gayatri Chakravorty. **Pode o subalterno falar?** Belo-Horizonte: UFMG, 2010.

ALMEIDA, Silvio Luiz de. **Racismo Estrutural**. São Paulo: Jandaíra, 2020.

ALTHUSSER, Louis. **Aparelhos ideológicos de Estado**. Rio de Janeiro: Graal, 1985. Disponível em: http://www.gepec.ufscar.br/publicacoes/livros-e-colecoes/livros-diversos/osaparelhos-ideologicos-de-estado.pdf. Acesso em: 7 out. 2023.

ANDRADE, Elaine Nunes de (org.). **Rap e educação, rap é educação**. São Paulo: Selo Negro, 1999. Disponível em: https://books.google.com.br/books?hl=pt-BR&lr=&id=akqVPv9XJ88C&oi=fnd&pg=PA9&dq=ANDRADE,+Elaine+Nunes+de+(org.).+Rap+e+educa%C3%A7%C3%A3o,+rap+%C3%A9+educa%-C3%A7%C3%A3o.+S%C3%A3o+Paulo:+Summus,+1999.&ots=mP6FOz2AN0&-sig=LWbxkgFSTezwxO15DsE8QjfLNc Q#v=onepage&q=ANDRADE%2C%20 Elaine%20Nunes. Acesso em: 16 nov. 2023.

ATIVA, Expressão. **Último perdão**. São Paulo: Sky Blue Music, 2004. Disponível em: https://www.youtube.com/watch?v=RyYtDPdiMoo. Acesso em: 15 jul. 2023.

BAROSSI, Luana. (Po)éticas da escrevivência. **Estudos de literatura brasileira contemporânea**, Brasília, n. 51, p. 22-40, 2017. Disponível em: https://www.scielo.br/j/elbc/a/6BGQKVnCPZFQS4TF4PYc74H/abstract/?lang=pt. Acesso em: 15 jul. 2023.

BEATBOX, Fernandinho; GASPAR. **Antigamente quilombo, hoje periferia**. São Paulo: Elemental, 2002. Disponível: https://www.youtube.com/watch?v=F-f8HYWRFjsQ. Acesso em: 15 fev. 2024.

BELCHIOR, Antônio Carlos Gomes. **Sujeito de sorte**. Rio de Janeiro: Polygram, 1976. Disponível em: https://www.youtube.com/watch?v=oy5w9mWrzBg. Acesso em: 1 mar. 2024.

BERTH, Joice. **Empoderamento**. São Paulo: Jandaíra, 2019.

BERTELLI, Giordano. Introdução. *In*: BERTELLI, Giordano; FELTRAN, Gabriel. **Vozes à margem**: periferias, estética e política. São Carlos: EduFSCAR, 2017. Disponível em: https://books.google.com.br/books?hl=ptBR&lr=&id=jSSDwAAQBAJ&oi=fnd&pg=PA7&dq=vozes+a+margem+periferias,+est%C3%A9tica+e+politica+giordano&ots=GrO8Kb8FCw&sig=BAxp8C9rxnqHBVx6DvhCb1uhHyA#v=onepage&q=vozes%20a%20margem%20periferias%2C%20est%C3%A9tica%20 e%20politica%20giordano&f=false. Acesso em: 7 out. 2023.

BORGES, Dayane. **Colonialismo**: origem e história. Conhecimento Científico. 2020. Disponível em: Colonialismo: Origem e história (r7.com). Disponível em: https://conhecimentocientifico.r7.com/colonialismo/. Acesso em: 13 jan. 2024.

BRASIL. **Constituição (1988).** Constituição da República Federativa do Brasil de 1988. Brasília, DF: Presidência da República, 1988. Disponível em: http://www.planalto.gov.br/ccivil_03/constituicao/constituicao.htm. Acesso em: 15 jul. 2023.

BROW, Mano; BLUE, Ice; JAY, Kl; ROCK, Edi. Racionais MC's. **Fim de semana no parque**. São Paulo: Zimbabwe Records, 1993. Disponível em: https://www.youtube.com/watch?v=37uL-WfTBx0. Acesso em: 15 mar. 2024.

BROW, Mano; BLUE, Ice; JAY, Kl; ROCK, Edi. **Versículo quatro, capítulo 3**. São Paulo: Cosa Nostra, 1997. Disponível em: https://www.youtube.com/watch?v=2LQSFLTiwS8. Acesso em: 19 ago. 2023.

BROW, Mano; BLUE, Ice; JAY, Kl; ROCK, Edi. **Diário de um detento**. São Paulo: Cosa Nostra, 1997. Disponível em: https://www.youtube.com/watch?v=dGFxdmuDA4A. Acesso em: 25 ago. 2023.

BROW, Mano; BLUE, Ice; JAY, Kl; ROCK, Edi. **Periferia é periferia**. São Paulo: Cosa Nostra, 1997. Disponível em: https://www.youtube.com/watch?v=vfbujF5sXOM. Acesso em: 15 fev. 2024.

BROW, Mano; BLUE, Ice; JAY, Kl; ROCK, Edi. **A vida é um desafio**. São Paulo: Cosa Nostra, 2002. Disponível em: https://www.youtube.com/watch?v=Wb3r-vC6z5ao. Acesso em: 1 set. 2023.

BROW, Mano; BLUE, Ice; JAY, Kl; ROCK, Edi. Racionais MC's. **Vida Loka I**. São Paulo: Cosa Nostra, 2002. Disponível em: https://www.youtube.com/watch?v=jc36BlAEWlQ. Acesso em: 15 jul. 2023.

BROW, Mano; BLUE, Ice; JAY, Kl; ROCK, Edi. Racionais MC's. **Na fé irmão**. São Paulo: Boogie Naipe, 2017. Disponível em: https://www.youtube.com/watch?v=e-oKPzr3b3I. Acesso em: 15 jul. 2023.

CAMPOS, Andrelino. O planejamento urbano e a" invisibilidade" dos afrodescendentes: discriminação étnico-racial, intervenção estatal, segregação sócio-espacial na cidade do Rio de Janeiro. **Anuário do Instituto de Geociências**, v. 29, n. 2, p. 240-241, 2006. Disponível em: http://www.ppegeo.igc.usp.br/index.php/anigeo/article/viewFile/4891/4403. Acesso em: 2 mar. 2024.

CAMPOS, Andrelino. Quilombos, favelas e os modelos de ocupação dos subúrbios: algumas reflexões sobre a expansão urbanas sob a ótica dos grupos segregados. **Núcleo Piratininga de Comunicação**, Rio de Janeiro, n. 19, 2013. Disponível em: https://nucleopiratininga.org.br/quilombos-favelas-e-os-modelos-de-ocupacao-dos-suburbiosalgumas-reflexoes-sobre-a-expansao-urbanas-sob-a-otica-dos-grupos-segregados/. Acesso em: 5 out. 2023.

CARRIL, Lourdes de Fátima Bezerra. Quilombo, território e geografia. **Agrária**, São Paulo, n. 3, p. 156-171, 2005. Disponível em: https://www.revistas.usp.br/agraria/article/view/92/91. Acesso em: 5 abr. 2024.

CARVALHO, José Jorge de. O olhar etnográfico e a voz subalterna. **Horizontes antropológicos**, Brasília, v. 7, n. 15, p. 107-147, 2001. Disponível em: https://www.scielo.br/scielo.php?pid=S0104-71832001000100005&script=sci_arttext. Acesso em: 27 out. 2023.

CRIOLO. **Apresentação Sobrevivendo no inferno**. Grupo Companhia das Letras. 2020. Disponível em: SOBREVIVENDO NO INFERNO - Grupo Companhia das Letras. Disponível em: https://www.companhiadasletras.com.br/livro/9788535931730/sobrevivendo-no-inferno. Acesso em: 13 jul. 2023.

D'ANDREA, Tiarajú Pablo. **A formação dos sujeitos periféricos**: cultura e política na periferia de São Paulo. 2013. 309 f. Tese (Doutorado em Sociologia) – Departamento de Sociologia, Universidade de São Paulo, São Paulo, 2013.

Disponível em: https://pdfs.semanticscholar.org/8e0d/0df0e5db70cf8725ecb-f04e63894852074b7.pdf. Acesso em: 15 set. 2023.

DJ ABRAÃO. Com participação de Tulipa Tuiz, Inquérito celebra e conceitua o rap no single "Lição de Casa". **Zona Suburbana**, São Paulo, 19 maio 2017. Disponível em: https://www.zonasuburbana.com.br/com-participacao-de-tulipa-ruiz-inquerito-celebra-econceitua-o-rap-no-single-licao-de-casa/. Acesso em: 1 jul. 2023.

DO QUILOMBO à favela: professor da UERJ comenta 120 anos da Lei Áurea. **Secretaria de Educação do Paraná,** 13 maio 2008. Disponível em: http://www.geografia.seed.pr.gov.br/modules/noticias/article.php?storyid=119. Acesso em: 15 jul. 2023.

ELZA Soares em 'Deus é mulher': 'O meu país é o meu lugar de fala'. **Rede Brasil Atual**, [S. l.], 21 maio 2018. Disponível em: Elza Soares em 'Deus é Mulher': 'O meu país é o meu lugar de fala' - Rede Brasil Atual. Disponível em: https://www.redebrasilatual.com.br/cultura/elza-soares-em-deus-e-mulher-o-meu-pais-e-o--meu-lugar-de-fala/. Acesso em: 9 jul. 2023.

EMICIDA. **Canção para meus amigos mortos**. São Paulo: Laboratório Fantasma, 2011. Disponível em: https://www.youtube.com/watch?v=dI-M-EMcbdQ. Acesso em: 15 jul. 2023.

FELIX, João Batista de Jesus. **Hip Hop:** cultura e política no contexto paulistano. 2005. 206f. Tese (Doutorado em Antropologia) – Faculdade de Filosofia, Letras e Ciências Humanas, Universidade de São Paulo, São Paulo, 2005 Disponível em: https://ceapg.fgv.br/sites/ceapg.fgv.br/files/felix_j_-_hip_hop_-_cultura_e_politica.pdf. Acesso em: 24 set. 2023.

FERNANDES, Elizabeth de Jesus. **"O Bonde da Bahia":** cultura popular e cultura de massa no rádio. 2010. Disponível em: http://www.cult.ufba.br/wordpress/24241.pdf. Acesso em: 5 mar. 2024.

FERNANDES, Joseli Aparecida; PEREIRA, Cilene Margarete. Do griot ao rapper: narrativas da comunidade. **Revista da Universidade Vale do Rio Verde**, Três Corações, v. 15, n. 2, p. 620-632, 2017. Disponível em: http://periodicos.unincor.br/index.php/revistaunincor/ article/view/4261/pdf_705. Acesso em: 22 set. 2023.

FERNANDES, Joseli Aparecida. **Através do meu canto o morro tem voz**: discurso de resistência no rap de Flávio Renegado. 2018. 132f. Dissertação (Mestrado em Letras) – Universidade do Vale do Rio Verde (UninCor), Três Corações, Minas Gerais, 2018. Disponível em: https://www.unincor.br/images/imagens/2018/mestrado_letras/dissertacao_joseli.pdf. Acesso em: 2 mar. 2023.

FONTANA, Mónica Zoppi. "Lugar de fala": enunciação, subjetivação, resistência. **Revista Conexão Letras**, Porto Alegre, v. 12, n. 18, 2017. Disponível em: https://www.seer.ufrgs.br/conexaoletras/article/view/79457. Acesso em: 13 out. 2023.

FONTES, L. de O. Do direito à cidade ao direito à periferia: transformações na luta pela cidadania nas margens da cidade. **Plural**, [S. l.], v. 25, n. 2, p. 63-89, 2018. Disponível em: https://www.revistas.usp.br/plural/article/view/153617. Acesso em: 19 ago. 2023.

FRANÇA, Vera Regina Veiga. Convivência urbana, lugar de fala e construção do sujeito. **Intexto**, Porto Alegre, n. 7, p. 47-57, 2001. Disponível em: https://www.seer.ufrgs.br/intexto/article/view/3392. Acesso em: 22 out. 2023.

FREIRE, Paulo. **Educação como prática da liberdade**. São Paulo: Paz e Terra, 1967.

FREIRE, P. **Conscientização, teoria e prática da libertação**: uma introdução ao pensamento de Paulo Freire. São Paulo: Moraes, 1980.

FUKS, Rebeca. **Conheça as 13 obras mais fantásticas e polêmicas de Banksy**. 2021. Disponível em: https://www.culturagenial.com/obras-banksy/. Acesso em: 12 jul. 2023.

GRAFITES em São Paulo: 'Não vai ter Copa'. **BBC News**. 2014. Disponível em: Grafites em São Paulo: 'Não vai ter Copa' - BBC News Brasil. Disponível em: https://www.bbc.com/portuguese/noticias/2014/06/140610_galeria_critica_copa_mdb. Acesso em: 13 jul. 2023.

G.R.E.S. Acadêmicos do Cubango. **A voz da liberdade**. Sambas de Enredo Carnaval – Série A. Rio de Janeiro: Som Livre, 2020. Disponível em: https://www.youtube.com/watch?v=W4GPIhfDGhw. Acesso em: 15 jul. 2023.

GOG. **É o crime**. São Paulo: Gravadora independente, 2004. Disponível em: https://www.youtube.com/watch?v=hl779O-bBJQ. Acesso em: 15 jul. 2023.

HEILÃO; LI, Negra. **Olha o menino**. São Paulo: Universal Music, 2004/2005. Disponível em: https://www.youtube.com/watch?v=GqT9BPWQBAQ. Acesso em: 15 jul. 2023.

HOLLANDA, Heloísa Buarque. **Cultura como recurso**. Salvador: Secretaria de Cultura do Estado da Bahia, Fundação Pedro Calmon, 2012.

HOLLANDA, Heloisa Buarque de. A política do hip-hop nas favelas brasileiras. **Alter/nativas**, Rio de Janeiro, n. 2, p. 2-6, 2014. Disponível em: https://kb.osu.edu/bitstream/handle/1811/59564/1/CLAS_AN_SP14_BuarquedeHollanda_FavelasBrasileiras.pdf. Acesso em: 15 set. 2023.

INQUÉRITO, Renan. **Lição de casa**. São Paulo: Gravadora independente, 2018. Disponível em: https://www.youtube.com/watch?v=bfx7OXyqXhM. Acesso em: 12 jul. 2023.

LEAL, Sergio José de Machado. **Acorda Hip Hop!**: despertando um movimento em transformação. Rio de Janeiro: Aeroplano, 2007.

LEITE, Ícaro de Oliveira. **Universo em crise**: engajamento e denúncia no rap de Djonga. 2019. 107f. Dissertação (Mestrado em Letras) – Universidade Vale do Rio Verde (UninCor), Três Corações, Minas Gerais, 2019. Disponível em: https://unincor.br/images/imagens/2020/ dissertacao- icaro-oliveira.pdf. Acesso em: 2 mar. 2024.

LIMA, Patrícia Oliveira de Daniele; SILVA, Ana Marcia. Para além do Hip Hop: juventude, cidadania e movimento social. **Motrivivência**, Florianópolis, n. 23, p. 61-82, 2004. Disponível em: https://periodicos.ufsc.br/index.php/motrivivencia/article/view/2023. Acesso em: 23 set. 2023.

LINO, Tayane Rogeria. O lócus enunciativo do sujeito subalterno: fala e emudecimento. **Anuário de literatura**, Florianópolis, v. 20, n. 1, p. 74-95, 2015. Disponível em: https://periodicos.ufsc.br/index.php/literatura/article/view/2175-7917.2015v20n1p74. Acesso em: 26 out. 2023.

LOUREIRO, Bráulio. **Autoeducação e formação política no ativismo de rappers brasileiros**. 2015. 216f. Tese (Doutorado em Ciência Política) – Instituto de Filosofia e Ciências Humanas, Universidade Estadual de Campinas, Campinas, SP, 2015. Disponível em: http://www.repositorio.unicamp.br/handle/REPOSIP/281155. Acesso em: 24 set. 2023.

LOUREIRO, Bráulio. O ativismo de rappers e o "progresso intelectual de massa": uma leitura gramsciana do rap no Brasil. **Revista HISTEDBR On-Line**, Campinas, v. 17, n. 2, p. 419-447, 2017. Disponível em: https://periodicos.sbu.unicamp.br/ojs/index.php/histedbr/article/view/8645849/16926. Acesso em: 15 set. 2023.

MOREIRA, Tatiana Aparecida. Cultura: entre a arena de luta e o movimento Hip Hop. **Revista Famecos**, Porto Alegre, v. 25, n. 2, p. 1-17, maio/ago. 2018. Disponível em: https://revistaseletronicas.pucrs.br/ojs/index.php/revistafamecos/article/view/27498/16639. Acesso em: 22 set. 2023.

NASCIMENTO, Mayk Andreele do. **O mundo do rap**: entre as ruas e os holofotes da indústria cultural. 2014. 169 f. Tese (Doutorado em Sociologia) – Universidade Federal da Paraíba, João Pessoa, 2014. Disponível em: https://repositorio.ufpb.br/jspui/bitstream /tede/9729/2/arquivototal.pdf. Acesso em: 26 set. 2023.

OLIVEIRA, Acaum Silvério de. O evangelho marginal dos Racionais MC's. *In:* RACIONAIS MC'S. **Sobrevivendo no inferno.** São Paulo: Companhia das Letras, 2018.

OLIVEIRA, Heli Sabino de; OLIVEIRA, Elaine Ferreira Rezende de. Juventudes, Periferias e o debate teórico acerca dessa temática no campo da educação. **Ensaios Filosóficos**, Rio de Janeiro, v. 19, p. 37-54, 2019. Disponível em: http://www.ensaiosfilosoficos.com.br/Artigos/Artigo19/04_OLIVEIRA_Ensaios_Filosoficos_Volume_XIX.pdf. Acesso em: 26 set. 2023.

OLIVEIRA, Roberto Camargos de. **Música e Política**: percepções da vida social brasileira no rap. 2011. 177f. Dissertação (Mestrado em História) – Universidade Federal de Uberlândia, Uberlândia, MG, 2011. Disponível em: https://repositorio.ufu.br/bitstream/123456789/16401/1/Diss%20Roberto.pdf. Acesso em: 3 mar. 2024.

POSTALI, Thífani. O hip-hop estadunidense e a tradução cultural brasileira. **Revista Cultura Crítica**, São Paulo, n. 14, p. 7-15, 2010. Disponível em: https://thifanipostali.files.wordpress.com/2013/02/cultura14.pdf. Acesso em: 5 out. 2023.

QUEIROZ, Amarino Oliveira de. Griots, cantadores e rappers: do fundamento do verbo às performances da palavra. **Revista de Estudios Africanos**, [S. l.], n. 0, p. 107-118, 2019. Disponível em: https://revistas.uam.es/reauam/article/view/reauam2019.0.005. Acesso em: 17 set. 2023.

RACIONAIS MC'S. **Sobrevivendo no inferno.** São Paulo: Companhia das Letras, 2018.

RENEGADO, Flávio. **Meu canto.** Belo Horizonte: Gravadora independente, 2008. Disponível em: https://www.youtube.com/watch?v=opBIlsVVXEk. Acesso em: 15 jul. 2023.

RIGHI, Volnei José. **RAP, ritmo e poesia**: construção identitária do negro no imaginário do RAP brasileiro. 2011. 515f. Tese (Doutorado em Literatura) – Instituto de Letras, Universidade de Brasília, Brasília, 2011. Disponível em: https://repositorio.unb.br/bitstream/10482/10853/1/2011_VolneiJoseRighi.pdf. Acesso em: 23 set. 2023.

ROCHA, Janaina; DOMENICH, Mirella; CASSEANO, Patrícia. **Hip hop:** a periferia grita. São Paulo: Fundação Perseu Abramo, 2001. Disponível em: https://fpabramo.org.br/publicacoes/estante/hip-hop-a-periferia-grita/. Acesso em: 19 nov. 2023.

RODAS, Sérgio. **Advogada é algemada e detida no RJ por exigir leitura de contestação**. 2018. Disponível em: ConJur - Advogada é algemada e detida no RJ por exigir leitura de contestação. Disponível em: https://www.conjur.com.br/2018-set-11/advogada-algemada-detida-rj-exigir-leitura-contestacao/. Acesso em: 9 abr. 2024.

SABOTAGE, Mauro Mateus dos Santos. **O rap é compromisso**. São Paulo: Cosa Nostra, 2000. Disponível em: https://www.youtube.com/watch?v=wTaZOENBY4w. Acesso em: 1 set. 2023.

SALGADO, Marcus Rogério. Entre ritmo e poesia: rap e literatura oral urbana. **Scripta**, Belo Horizonte, v. 19, n. 37, p. 153-168, 2015. Disponível em: http://periodicos.pucminas.br/index.php/scripta/article/view/P.23583428.2015v19n37p153/96 66. Acesso em: 17 set. 2023.

SCIRÉ, Rachel D. **Ginga no asfalto:** figuras de marginalidade nos sambas de Germano Mathias e nos raps do Racionais MC\'s. 2019. 323f. Dissertação (Mestrado em Filosofia) – Instituto de Estudos Brasileiros, Universidade de São Paulo, 2019. Disponível em: https://teses.usp.br/teses/disponiveis/31/31131/tde-19122019-125645/pt-br.php. Acesso em: 27 out. 2023.

SILVA NETO, Luiz Gomes; NASCIMENTO, Francisca Denise Silva do; MELO, Marcos César de Souza; FURTADO, Luiz Achilles Rodrigues. O blvesman no discurso de resistência: o rap de Baco Exu do Blues. **Revista Homem, Espaço e Tempo**, v. 13, n. 1, p. 122-140, 29 ago. 2019. Disponível em: https://rhet.uvanet.br/index.php/rhet/article/view/312. Acesso em: 17 nov. 2023.

SILVA, José Carlos Gomes da. Arte e educação: a experiência do movimento hip hop paulistano. *In*: ANDRADE, Elaine (org.). **Rap e Educação, Rap é Educação**. São Paulo: Selo Negro, 1999.

SOARES, Elza. **Exu nas escolas**. São Paulo: DeckDisc, 2018. Disponível em: https://www.youtube.com/watch?v=NmDsmHtOgyw. Acesso em: 15 jul. 2023.

SOARES, Elza. **O que se cala**. São Paulo: DeckDisc, 2018. Disponível em: https://www.youtube.com/watch?v=5ypEw_9BFfQ. Acesso em: 15 jul. 2023.

SODRÉ, Muniz. Por um conceito de minoria. *In*: PAIVA, Raquel; BARBALHO, Alexandre (org.). **Comunicação e cultura das minorias.** São Paulo: Paulus, 2005. p. 12-14.

SPIVAK, Gayatri Chakravorty. **Pode o subalterno falar**. Belo-Horizonte: UFMG, 2010. Disponível em: http://wisley.net/ufrj/wp-content/uploads/2015/03/images_pdf_files_Pode_o_subalterno_falar-Spivak.pdf. Acesso em: 22 out. 2023.

TADDEO, Carlos. Facção Central. **A paz está morta**. São Paulo: Sky Blue, 2001. Disponível em: https://www.youtube.com/watch?v=Cc9MA41gGvo. Acesso em: 15 jul. 2023.

TEPERMAN, Ricardo. **Se liga no som:** as transformações do rap no Brasil. São Paulo: Companhia das Letras, 2015.

TURRA NETO, Nécio. Movimento Hip-Hop do mundo ao lugar: Difusão e territorialização. **Revista de Geografia**, Juiz de Fora, v. 1, p. 1-11, 2013. Disponível em: https://periodicos.ufjf.br/index.php/geografia/article/view/17962/9269. Acesso em: 22 set. 2023.

VAZ, Sérgio. **Apresentação Sobrevivendo no inferno**. Grupo Companhia das Letras. 2020. Disponível em: SOBREVIVENDO NO INFERNO – Grupo Companhia das Letras. Disponível em: https://www.companhiadasletras.com.br/livro/9788535931730/sobrevivendo-no-inferno. Acesso em: 13 jul. 2023.

WEFFORT, Francisco. Educação e política. *In*: FREIRE, Paulo. **Educação como prática da liberdade**. São Paulo: Paz e Terra, 1967.

YAZBEK, Maria Carmelita. **Classes subalternas e assistência social**. São Paulo: Cortez, 2018. Disponível em: https://books.google.com.br/books?hl=pt-BR&lr=&id=K3dZDwAAQBAJ&oi=fnd&pg=PT4&dq=minorias+subalternas&ots=j06Yg0vO8u&sig=lAuppRYWo5_QI6NrDE2wwx82q2E#v=onepage&q=minorias%20subalternas&f=false. Acesso em: 27 out. 2023.

YOUNG, Iris Marion. Representação política, identidade e minorias. **Lua Nova**, São Paulo, n. 67, p. 139-190, 2006. Disponível em: https://www.scielo.br/pdf/ln/n67/a06n67.pdf/. Acesso em: 23 set. 2023.